AF198458

Buch

Nichts ist jetzt einfacher als der Blick in die Zukunft: Wir kaufen uns eine Tüte Gummibärchen. Wir ziehen mit geschlossenen Augen fünf Bärchen. Wir öffnen die Augen und haben fünf Bärchen in verschiedenen Farben vor uns. Nun schlagen wir nach, was die Farbkombination bedeutet – und wissen alles über unsere Zukunft! Die 126 möglichen Kombinationen werden in diesem Buch auf originelle, geistreiche und witzige Art gedeutet – vor allem aber absolut zuverlässig.

Autor

Dietmar Bittrich wurde 1958 in Triest geboren. Seit seiner Kindheit beschäftigt er sich liebevoll und intensiv mit Wesen und Bedeutung der Gummibärchen. Nach zwanzig Jahren gründlicher Forschung legte er das erste Gummibärchen-Orakel vor. Es wurde sofort zum Standardwerk. Seither reist er damit durch die Welt. Nebenbei hat er *Böse Sprüche für jeden Tag* veröffentlicht, den frechen Astrologieratgeber *Böse Sterne*, das lustige Reisebuch *Müssen wir da auch noch hin?* und die Reihe *Weihnachten mit der buckligen Verwandtschaft*.
www.dietmar-bittrich.de

Von Dietmar Bittrich außerdem im Programm:
Das Gummibärchen-Orakel

Dietmar Bittrich

Das kleine Gummibärchen-Orakel

Fünf Bärchen verraten
alles über Ihre Zukunft

GOLDMANN

Die vollständige Ausgabe ist unter dem Titel
Das Gummibärchen-Orakel
als Goldmann-Taschenbuch Nr. 44164 lieferbar.

Penguin Random House Verlagsgruppe FSC® N001967

7. Auflage
Aktualisierte gekürzte Taschenbuchausgabe Mai 2019
Copyright © 2019 der aktualisierten Taschenbuchausgabe:
Wilhelm Goldmann Verlag, München,
in der Penguin Random House Verlagsgruppe GmbH,
Neumarkter Straße 28, 81673 München
produktsicherheit@penguinrandomhouse.de
(Vorstehende Angaben sind zugleich Pflichtinformationen nach GPSR.)

Copyright © 1996 der Originalausgabe: Pendragon Verlag, Bielefeld
Umschlag: Uno Werbeagentur, München
Umschlagmotiv: FinePic®, München
Satz: Uhl + Massopust, Aalen
Druck und Bindung: GGP Media GmbH, Pößneck
Printed in Germany
KW · Herstellung: IH
ISBN 978-3-442-17689-2

www.goldmann-verlag.de

Los geht's!

Kaufen Sie eine Tüte Gummibärchen. Ziehen Sie mit geschlossenen Augen fünf Bärchen. Und öffnen Sie die Augen: Sie sehen fünf Bärchen in verschiedenen Farben. Fertig. Nun brauchen Sie nur noch in diesem Buch nachzuschlagen, was Ihre Farbkombination bedeutet. Und Sie wissen alles über Ihre Zukunft.

Damit Sie Ihre Kombination im Inhaltsverzeichnis schnell finden, sortieren Sie Ihre fünf Bärchen nach den fünf klassischen Farben. Denn es gibt 126 verschiedene Kombinationen. Und die haben wir zur besseren Orientierung nach Farben geordnet. Machen Sie es auch so. Legen Sie Ihre Bärchen in dieser Reihenfolge hin:

Links die roten (dunkelrot und hellrot).
Dann die gelben.
Dann die weißen.
Dann die grünen.
Ganz rechts die orangen.

Die Farben, die Sie nicht gezogen haben, können Sie natürlich auch nicht hinlegen. Aber wenn Sie sich an diese Reihenfolge halten, finden Sie sich im Inhaltsverzeichnis sofort zurecht.

Wenn Sie noch Fragen haben, falls Sie zum Beispiel nicht wissen, was Sie mit dem Rest Ihrer Gummibärchen machen sollen, aufessen, verschenken oder einweichen, schlagen Sie im Anhang ab Seite 265 nach. Viel Spaß!

Inhalt

Energie • Liebe • Freude

Rot	Gelb	Weiß	Grün	Orange
5	–	–	–	–

Schon mal von Casanova gehört? Der trug einen Ring mit fünf Rubinen am Finger. Oder von Messalina, der römischen Kaiserin, die in ihrem Leben geschätzte viertausend Männer verbrauchte? Sie trug in ihrer Krone fünf rote Korallen. Oder von Napoleon, dem Kaiser, Feldherrn, Welteneroberer? Der hatte in seine Jacke eingenäht fünf rote Federn eines längst ausgestorbenen Paradiesvogels. Denn fünfmal Rot, das bedeutete von jeher: High Energy. Energie zum Lie-  ben. Energie zum Handeln. Energie zum Leben. Lebensfreude. Wenn Sie bislang eine Schlafmütze waren, werden Sie jetzt aufwachen. Sie können gar nicht anders. Sie verwandeln sich in ein Bündel geballter Aktivität. Wenn Sie bislang ein Träumer waren, werden Sie Ihre Träume jetzt in die Wirklichkeit umsetzen. Die Kraft wächst Ihnen zu. Und wenn Sie ohnehin schon wach, kraftvoll und aktiv waren, dann können Sie jetzt Rekorde aufstellen. Oder im Alleingang ein Kraftwerk betreiben. Denn Sie haben reichlich überschüssige Energie. Wenn Sie ein Mann sind, müssen wir an dieser Stelle allerdings die

Frauen vor Ihnen warnen. Der Junge hat's, aber er wird nicht bleiben! Und wenn Sie eine Frau sind, wäre es nützlich, wenn Sie schon mal eine Beratungsstelle für gebrochene Herzen ins Leben rufen. Denn Herzen werden Sie demnächst in rauen Mengen brechen. Falls Sie das wollen. Die Kraft, die Ihnen jetzt zuströmt, gibt Ihnen nämlich Ausstrahlung, Anziehungskraft, Charisma. Natürlich können Sie die auch anders nutzen. Indem Sie uns abgeben von dem, was Ihnen jetzt zufließt: reine Lebensfreude.

Ungeduld · Überdrehtheit · Konzentration

Rot	Gelb	Weiß	Grün	Orange
4	1	–	–	–

Wissen Sie, wer vier dicke rote Klunker in seiner Krone trug? Nero, der römische Kaiser. Einer von den ganz sympathischen Leuten. Der es vorzog, seine Stadt anzuzünden, weil es ihm zu kompliziert war, sie zu regie-ren. Kennen Sie das? Dass Ihnen Sachen zu kompliziert sind, und dann hauen Sie drauf? Oder fällen irgendeine Entscheidung, um das Problem nur los zu sein? Und geraten in Wahrheit desto tiefer in die Verstrickung? In so einer Situation befinden Sie sich jedenfalls jetzt. Hormone, die für Ungeduld, Aggressivität und Überdrehtheit zuständig sind, werden bei Ihnen gerade zu einem besonders giftigen Cocktail gemixt. Gut, wenn Sie gerade zum Hexensabbat aufbrechen. Schlecht, wenn Sie irgendetwas Vernünftiges zustande bringen wollen. Schlecht auch, wenn Sie Selbstvertrauen oder nur Ruhe finden möchten. Viermal Rot ist nämlich eine Alarmkombination. Eine, die entweder Ihnen oder anderen Angst macht. Die überdies Kopfschmerzen, Zahnschmerzen, hohen Blutdruck beschert. So, aber jetzt haben Sie noch ein gelbes Bärchen gezogen. Und das ist Ihr Glück. Da winkt Ihr Ausweg. Gelb bedeutet zunächst einmal: Arbeit. Bedeutet konzentrierte Aktivität. Zum Beispiel im Job. Oder im Studium. Oder wo Sie sonst ranklotzen müssten. Tun Sie das. Wo immer Sie gefordert werden, können Sie Ihre wildernden Kräfte jetzt bündeln – und Erfolg haben. Denn Gelb heißt auch: Zaster winkt. Heißt: Ihr Ehrgeiz erwacht. Und wenn Sie mal auf hitzige Entschlüsse, Türenschlagen, Trennungstritte verzichten, dann können Sie mit Ihrer gesammelten Energie viel erreichen. Und wir würden aufatmen.

Ungeduld · Überdrehtheit · Intuition

Rot	Gelb	Weiß	Grün	Orange
4	–	1	–	–

Es gab einmal einen griechischen König namens Pyrrhus. Der ging zum Orakel nach Delphi und fragte: Ich möchte Krieg führen, werde ich siegen? Das Orakel antwortete: Wenn du Krieg führst, wirst du ein großes Land zerstören. Pyrrhus freute sich und zog los. Tatsächlich zerstörte er ein großes Land durch diesen Krieg, allerdings sein eigenes. Kennen Sie das? Dass Sie gegen andere wüten und dabei nur sich selbst schaden? Dass Sie zu Befreiungsschlägen ansetzen und sich dabei fesseln? In so einer Situation befinden Sie sich jedenfalls jetzt. Säfte, die für

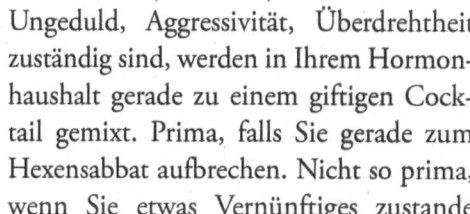

Ungeduld, Aggressivität, Überdrehtheit zuständig sind, werden in Ihrem Hormonhaushalt gerade zu einem giftigen Cocktail gemixt. Prima, falls Sie gerade zum Hexensabbat aufbrechen. Nicht so prima, wenn Sie etwas Vernünftiges zustande bringen wollen. Und ganz schlecht, wenn Sie Selbstvertrauen oder nur Ruhe finden möchten. Viermal Rot ist eine Alarmkombination. Eine, die Ihnen und anderen Angst macht. Die dazu Kopfschmerzen, Zahnschmerzen, hohen Blutdruck beschert. So. Aber Sie, Sie haben jetzt noch ein weißes Bärchen gezogen. Und das ist Ihr Glück. Weiß verheißt Aussicht auf Geistesblitze. Bedeutet: Allmählich geht sogar Ihnen ein Licht auf. Und eine Kraft macht sich bemerkbar, die Sie beim Wändeeinrennen fast vergessen haben: Ihre Intuition. Sie haben diese innere Stimme, auf die Sie hören und auf die Sie sich verlassen können. Und diese Stimme meldet sich jetzt. Von diesem inneren Wissen können Sie sich jetzt führen lassen. Zu Klarheit, Freiheit, neuen Ufern.

Ungeduld · Überdrehtheit · Ordnung

Rot	Gelb	Weiß	Grün	Orange
4	–	–	1	–

Kennen Sie sich in Neapel aus? Dann wissen Sie ja, was es bedeutet, wenn über der Stadt vier rote Ballons in den Himmel steigen. Es bedeutet: Gleich knallt's. Denn der Vesuv steht unmittelbar vor dem Ausbruch. Nicht, dass Sie ein lebender Vulkan sind. Aber es ist etwas Explosives in Ihnen. Da hat sich was aufgestaut. Zorn. Frust. Eine wütende Energie, die Sie an die Grenze treibt. Die Sie vielleicht ausrasten lässt. Glühende Lava wird in Ihrem Hormonhaushalt gerade zu einem vulkanischen Cocktail aufgekocht. Prima, falls Sie sowieso allen mal zeigen wollten, dass auch Sie Amok laufen kön-  nen. Nicht so prima, wenn Sie etwas Ver- nünftiges zustande bringen wollen. Und schlecht, wenn Sie Selbstvertrauen oder Ruhe finden möchten. Viermal Rot ist eine Alarmkombination. Eine, die Ihnen und anderen Angst macht. Die dazu Kopfschmerzen, Zahnschmerzen, hohen Blutdruck beschert. So. Aber Sie haben jetzt noch ein grünes Bärchen gezogen. Und das ist Ihr Glück. Grün bedeutet: Sie können Klarheit be- kommen. Neues Selbstbewusstsein. Innere Ruhe. Wenn

Sie nur ein bisschen Ordnung schaffen. All das abschlie-
ßen, was Sie begonnen und nie zu Ende gebracht haben.
Briefe ebenso wie Beziehungen. Okay, das kostet Zeit.
Aber bereits wenn Sie an einer Ecke anfangen, merken
Sie, wie sich Ihr Kopf klärt. Und wie sich Ihre explosive
Energie verwandelt – in magnetische Ausstrahlung.

Ungeduld · Überdrehtheit · Spiel

Rot	Gelb	Weiß	Grün	Orange
4	–	–	–	1

Ist zufällig gerade Vollmond? Es könnte sein, dass Ihnen heute Nacht ein Pelz wächst. Nebst einem raubtierhaften Gebiss. Plus an jeder Hand vier scharfe Krallen. Sie erinnern sich vielleicht, woran man in London in düsterer Zeit erkannte, dass ein Werwolf unterwegs war: an den blutigen Spuren, die seine vier Krallen hinterlassen hat-

ten. Ja, ja viermal Rot! Gruselig! Aber Sie sind kein Werwolf. Oder? Verschweigen Sie uns etwas? Es brodelt nämlich etwas in Ihnen. Etwas, das mit der Kraft eines Raubtiers ausbrechen könnte. Da hat sich ordentlich was aufgestaut. Zorn. Frust. Eine wütende Energie, die Sie womöglich ausrasten lässt. Uralte aggressive Instinkte werden mit freundlicher Unterstützung Ihrer Hormone zu einem gefährlichen Mix aufgekocht. Viermal Rot ist eine Alarmkombination. Aber Sie haben jetzt noch ein oranges Bärchen gezogen. Und das weist den Ausweg. Denn Orange bedeutet: Leichtigkeit. Bedeutet Neuigkeiten. Kontakte. Kreativität. Bedeutet: Sie haben die Begabung, Dinge spielerisch anzugehen. Und genau diese Begabung entdecken Sie jetzt. Dass Sie nur ein einziges oranges Bärchen gezogen haben, heißt: Sie müssen was dafür tun. Müssen was Neues ausprobieren. Aber viermal Rot bedeutet ja auch: Sie haben die Power! Und nach der Vollmondnacht wird die Morgensonne Sie so kitzeln, dass Sie gar nicht anders können als aufblicken, lachen und loshüpfen!

Energie • Liebe • Eifersucht

Rot	Gelb	Weiß	Grün	Orange
3	2	–	–	–

Dreimal Rot! Das sieht nach innerem Feuer aus. Nach Unternehmungslust. Nach Liebesabenteuern! Aber auch zweimal Gelb. Und das gibt uns zu denken. Negatives Gelb bedeutet nämlich: Neid. Engstirnigkeit. Eifersucht. Nein, Sie werden nicht beherrscht von diesen Eigenschaften. Aber Sie spüren so eine untergründige Unruhe. Dreimal Rot heißt: Sie kriegen jetzt Energie. Charme. Erotische Ausstrahlung. Bekommen Schwung genug, um jede Menge Altes wegzuräumen und Neues anzufangen. Das ist fantastisch! Und  doch besteht die leise Gefahr, dass Sie dabei übereifrig voranschreiten. Dass Sie Ihre Aufbruchsstimmung gleich wieder aufs Spiel setzen, weil Ihnen vor lauter Ehrgeiz die Lockerheit abhandenkommt. Zweimal Gelb bedeutet immer: Eine Prise Misstrauen ist dabei. Auch in der Liebe. Da werden Sie einen Aufschwung erleben. Sehr gut möglich, dass Sie sich neu verlieben. Oder dass Ihre alte Liebe ungeahnte Blüten treibt. Und doch mischt sich womöglich ein kleines Sandkorn ins Getriebe, ein Körnchen Eifersucht. Wie gesagt: Das muss nicht so kommen. Nur die Gefahr besteht. Und das wollten wir mal gesagt haben. Damit Sie der Gefahr rechtzeitig ausweichen. Was Sie natürlich auch tun werden. Um dann vollen Herzens zu genießen. Denn Genuss, Lust, Freude: Das haben Sie verdient. Und das kriegen Sie. Von Ihren drei roten Bärchen.

Rot	Gelb	Weiß	Grün	Orange
3	1	1	–	–

Mit diesen fünf Bärchen können Sie sich glatt in die
Artusrunde schleichen! Denn Sie haben die Wappenfarben des ruhmreichen Ritters Lancelot und der schönen
Königin Guinevere gezogen. Kein Wunder, dass die beiden ein leidenschaftliches Verhältnis hatten. Und als der
brave König Wind von der Affäre bekam, machte das
nichts. Er ließ die beiden glücklich werden. Warum? Weil
Lancelot und Guinevere nicht nur im Bett herumtobten,
sondern sich auch um ihre geistige Entwicklung bemüh-
ten. Darunter können Sie sich gar nichts vorstellen, was?
Gut, dann erklären wir mal, was das bedeutet. Also: Sie

sind auf wunderbare Weise für die Liebe
begabt. Und es wäre eine Schande, wenn
Sie diese Begabung nicht in die Tat um-
setzten. Sie haben Charme. Können flirten. Haben ein feines Gefühl für Ihren
eigenen Körper und für den Ihres Part-
ners. Das ist die Botschaft der Bärchen. Aber: Sie sollen
sich nicht in der Jagd nach Liebe verlieren. Bei dreimal
Rot liegt es nahe, dass Sie immer im Stadium des Flirtens
und Eroberns bleiben wollen. Doch Sie haben noch Gelb

und Weiß gezogen. Und das bedeutet: Sie wollen mehr. Und Sie werden mehr bekommen. Geist. Klugheit. Mitgefühl. Weil Sie den Mut haben, sich mit Schwierigkeiten auseinanderzusetzen (Gelb) und für Klarheit zu sorgen (Weiß). Wir würden uns freuen, wenn Sie uns mal in die Runde der Tafelritter einladen könnten. Sie dürfen sich dann gern in Ihr Liebesnest zurückziehen. Lassen Sie uns nur genug zu essen und zu trinken da.

Liebe · Arbeit · Vertrauen

Rot	Gelb	Weiß	Grün	Orange
3	1	–	1	–

Auf einem der geheimnisvollen Bilder, die der Archäologe Howard Carter im Tal der Könige entdeckte, waren fünf Ägypter zu sehen, von denen drei nackt waren. Zwei standen dabei und gossen kostbare Salben über die drei Nackten aus. Und was machten die? Na, was wohl? Eben! Carter sei schamrot geworden, berichteten Mitarbeiter. Auf jeden Fall ist besagtes Bild jetzt im Britischen Museum. Und ist mittlerweile gedeutet worden. Ja, es handelt sich um eine Liebesszene. Die können Sie mit Ihren Gummibärchen nachstellen. Die drei roten balgen sich, das gelbe und das grüne Bärchen stehen dabei. Auf dem Bild gießt die eine Figur eine gelbe Salbe über die Liebenden aus, die

andere eine grüne Salbe. Bei der ganzen Szene handelt es sich um ein Segensbild: Die leidenschaftliche, erotische Liebe muss gesegnet werden von Strebsamkeit (Gelb) und von Verlässlichkeit (Grün). Genau das passiert gerade in Ihrem Leben. Die Liebe ist dran, ist groß im Kommen, wird Mittelpunkt Ihres Lebens. Aber es wird keine Leidenschaft sein, von der Sie unberechenbar hin-

und hergeworfen werden. Sondern diese Liebe wird von Harmonie und Vertrauen begleitet. Die unterstützt Ihren Alltag, Ihre Arbeit, Ihr Fortkommen. Deswegen müssen Sie diese Entwicklung aktiv unterstützen. Die Tendenz ist da in Ihrem Leben. Sie müssen sich nur einklinken und mitmachen. Und von Ihrer Liebe etwas abgeben.

Liebe • Leichtigkeit • Ehrgeiz

Rot	Gelb	Weiß	Grün	Orange
3	1	–	–	1

Feuer! Es lodert, es züngelt, es flackert, es brennt! Genau diese Farbkombination haben Künstler seit dem Mittelalter gewählt, wenn es darum ging, Feuer darzustellen. Die Farbkombination, die Sie gerade gewählt haben. Weil nämlich bei Ihnen ebenfalls die Flammen hoch-

schlagen. Wo?, fragen Sie. Und wieso? Was da brennt, wollen Sie wissen? Ihre Wohnung etwa? Ihr Auto? Ihre Badewanne? Nein, Sie Künstler! Ihr Herz steht in Flammen! Merken Sie das denn gar nicht? Mensch! Wie heiß es da zugeht? Na, aber dann werden Sie das binnen Kurzem glühend heiß spüren. Das ist garantiert. Allein dreimal Rot ist schon eine sichere Liebeskombination. Eine aktive, erotische, machtvolle Kombination. Sie aber haben sich noch die Farbe Orange zugelegt. Und die steht für Leichtigkeit. Für neue Kontakte. Für Kreativität. Ja, Sie entdecken jetzt Ihre Begabung, die Dinge spielerisch anzugehen. Nicht verantwortungslos, sondern mit Heiterkeit und Augenzwinkern. Dass Sie nur ein einziges oranges Bärchen gezogen haben, heißt zwar: Sie müssen auch selbst was tun. Müssen ein Risiko eingehen und was Neues ausprobieren. Aber das Feuer der Liebe wird Sie so kitzeln, dass Sie gar nicht anders können als lachen und jubeln und loshüpfen! Und nun noch Gelb: Angeregt von der Liebe, zwickt sie der Ehrgeiz. Ja, auf einmal packt Sie das Verlangen, nicht nur herumzureden, sondern anzupacken. Die Lust, was auf die Beine zu stellen. Einen Schlag zuzulegen. Und das tut Ihnen gut. Geistig und körperlich. Und materiell. Ja, das macht Freude! Und damit andere nicht neidisch werden, denken Sie daran, sich gelegentlich zu bedanken. Nicht nur bei Ihren Bärchen.

Rot	Gelb	Weiß	Grün	Orange
3	–	2	–	–

Liebe · Illusion · Verwirklichung

Oh, oh! Sie mit Ihren hochfliegenden Träumen! Den Wünschen, den Leidenschaften, den Lüsten! Sie lassen nicht alles nach außen dringen, aber Ihre Liebesfähigkeit ist nahezu unbegrenzt. Wohin damit? Nun, wenn Sie dreimal Rot gezogen haben, dann werden Sie bald wissen, wohin. Dreimal Rot heißt nämlich: Love is here to stay. So spricht Romeo zu Julia. Die Liebe ist gekommen, um zu bleiben. Um zu wachsen. Um zu blühen. Und Julia hatte einen Ring mit drei Rubinen und zwei Diamanten am Finger, also mit der Kombination, die Sie jetzt gezogen haben. Aber Romeo und Julia haben sich die Liebe so schön ausgemalt, dass die sich gar nicht mehr verwirklichen ließ. Ihre Träume von der Liebe waren so groß und flogen so hoch, dass unweigerlich der Absturz kommen  musste. Und die beiden zogen es dann vor, unsere Welt zu verlassen, um im Jenseits ungestört zu sein. Doch wer weiß, ob sie da tatsächlich ungestört blieben. Versuchen Sie es lieber hier. Wenn Sie wissen, dass auch Sie Ihren Illusionen erliegen können, werden Sie schon nicht so

leicht zu täuschen sein. Grundsätzlich zeigt die Farbkombination diese Gefahr an: In den Wellen der Liebe
und der Leidenschaft (Rot) den Boden unter den Füßen
zu verlieren, abzuheben und alsbald unsanft abzustürzen
(Weiß). Doch Sie haben bereits in der Vergangenheit die
Fähigkeit bewiesen, an Enttäuschungen nicht zu zerbre-
chen, sondern zu wachsen. Sie sind sehr stark geworden,
das zeigen die drei roten Bärchen. So stark, dass Sie Ihre
Träume verwirklichen können.

Ausstrahlung · Klarheit · Sicherheit

Rot	Gelb	Weiß	Grün	Orange
3	–	1	1	–

Paris. Haute Couture. Sie auf dem Laufsteg. Als Model. Mit lässigem Schritt. Sie werfen den Kopf ein bisschen zurück, Sie drehen die Hüften, und das Publikum vergisst zu atmen. So aufregend können Sie sein! Sie haben das Talent dazu. Haben die Ausstrahlung. Eine wundersame Kombination: Die drei roten Bärchen stehen für Energie, Freude und erotische Ausstrahlung, das weiße

für geistige Kraft, das grüne für gesunden Menschenverstand. Sie wollen gar kein Model sein? Macht nichts. Entscheidend ist, dass Sie in der Lage sind, andere Leute zu faszinieren. Weshalb? Zum Beispiel, weil Sie nicht risikoscheu sind. Sie knallen mal den Hörer hin. Mucken gegen ein Amt auf. Riskieren, dass man Sie ablehnt, dass Sie auch mal verlieren. Und deshalb gewinnen Sie. Weiter: Sie sind sich klar darüber, was Sie im Innersten wünschen. Und Sie stehen dazu. Sie richten Ihre Gedanken auf das Positive, das Sie erreichen wollen. Die meisten Menschen neigen dazu, das innere Feuer zu ersticken. Wir haben Angst vor Feuerausbrüchen, speziell vor unserer eigenen Wut.

Sie nicht. Doch? Ein bisschen? Dann schreien Sie mal im Wald oder im Auto. Schlagen Sie auf ein Kissen ein. Schon kommt Ihre gestaute Energie in Fluss. Gut, vielleicht ist nicht alles so, wie wir es hier beschrieben haben. Aber nachdem Sie diese Bärchenkombination gezogen haben, wird es sich so entwickeln. Ihre Power ist überall willkommen. Und Leute, die applaudieren, werden sich sofort freiwillig melden. Wir sind dabei.

Energie · Liebe · Flatterhaftigkeit

Rot	Gelb	Weiß	Grün	Orange
3	–	1	–	1

Oh, oh, oh. Und wir haben Sie immer für anständig gehalten! Aber diese Bärchenkombination offenbart Ihre innersten Gedanken! Ja, sie ermöglicht es uns, Ihre buntesten Träume zu erraten. In denen treiben Sie es mit dem Freund Ihrer Freundin oder umgekehrt. Mit Lehrer oder Lehrerin. Mit Fremden ohne Gesicht. Überhaupt wundern Sie sich nach dem Aufwachen, was Ihr Unterbewusstsein für Wünsche hat.

Hinter solch geheimen Gedanken und hinter solchen Bärchen steckt Power. Steckt schöpferische Potenz. Ein starkes Triebleben. Diese Kombination zeigt nicht nur Ihre erotischen Sehnsüchte an (dreimal Rot), sondern ein reiches kreatives Potenzial (Weiß plus Orange). Was sie nicht anzeigt, ist Treue. Es wäre glatt gelogen, wenn wir behaupten würden, Sie wären jemand von der zuverlässigen Sorte. Okay, Sie tun Ihr Mögliches. Aber Sie sind immer wieder Verlockungen ausgesetzt. Sie sind ablenkbar. Leicht entflammbar. Sind flatterhaft wie ein Schmetterling im Sommerwind. Sollen wir Ihnen einen Rat auf den Weg geben? Machen Sie was aus Ihren schöpferischen Kräften. Der Maler Matisse, der ständig erotische Träume hatte, machte Gemälde daraus. Die Schriftstellerin Anaïs Nin holte sich den Stoff für scharfe Storys. Lady Gaga komponierte Love Songs. Sie können den Stoff auch direkter verwenden: Sie erzählen Ihre Träume (aber vielleicht nicht alle) Ihrem Lover. Das spitzt an. Auf jeden Fall werden Sie jetzt eine Menge in Bewegung setzen. Direkt schade, dass Sie so weit weg wohnen.

Energie · Bequemlichkeit · Aufbruch

Rot	Gelb	Weiß	Grün	Orange
3	–	–	2	–

Es ist ein Kreuz mit Ihnen! Eine Schande, dass Sie nicht mehr machen, Sie mit Ihrer Power, Ihrer Liebeskraft, Ihrer fröhlichen Energie! Dass Sie sich stattdessen immer wieder mal wie ein Kartoffelsack ins Sofa sinken und Ihre vibrierende Spannung vom Fernseher einlullen lassen. Abschalten! Aufwachen! Sie können so viel erreichen, andere würden sich die Finger lecken nach Ihren Möglichkeiten! Na ja, aber Ihnen wird jetzt das Sofa unterm Steißbein weggezogen. Denn drei rote Bärchen (High Energy) sind einfach stärker als zwei grüne Bärchen (Versacken). Mit anderen Worten: Sie legen los. Sie überwinden

den Ihr Phlegma. Sie lassen Ihrem inneren Tiger die Zügel schießen. Sie schwingen sich auf seinen Rücken und sehen mal, wohin er sie trägt. In die Wildnis! Ins Abenteuer! Machen Sie sich auf Überraschungen gefasst, und warnen Sie schon mal Ihre nähere Umgebung. In nächster Zeit geht die Post bei Ihnen ab. In Sachen Liebe. Oder sagen wir lieber gleich: Leidenschaft. In Sachen Freude. Oder sagen wir: Enthusiasmus. In Sachen Power. Weil Sie nicht länger den Deckel auf Ihren Dampftopf halten. Weil Sie sich durchsetzen. Okay, da bleibt diese Neigung von Ihnen, alle viere von sich zu strecken und sich tot oder schlafend zu stellen. Weil das bequem scheint. Aber Sie schnallen jetzt, dass Sie total aktiv und trotzdem innerlich seelenruhig sein können. Dass Sie jede Menge Feuerwerk abfackeln und dennoch ganz entspannt sein können. Das wird richtig gut.

Leidenschaft · Energie · Selbstvertrauen

Rot	Gelb	Weiß	Grün	Orange
3	–	–	1	1

Es gibt Leute, die werden von einem inneren Feuer angetrieben, das leuchtet und brennt, und andere, das sind die meisten, deren Licht matt und deren Temperatur lau ist. Sie haben inneres Feuer. Power. Erotische Ausstrahlung. Für all das stehen die drei roten Bärchen. Im Gegensatz zu anderen haben Sie mitgekriegt, dass es glücklicher macht, wenn Sie Ihre Lebendigkeit nach außen tragen, statt sie immer wieder einzuschränken. Dass Sie intensiver leben, wenn Sie es nicht allen recht machen. Sie haben den Mut, authentisch zu sein – also genau das zu zeigen, was Sie sind und was Sie fühlen.
Sie haben die Kurve gekriegt. Das zeigt das kreative orange Bärchen: Sie sind auf dem allerbesten Wege zu dem, was Sie immer machen wollten. Und was andere nicht zu tun wagen. Dass Sie nur ein einsames 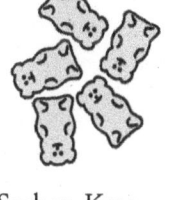 oranges Bärchen haben, zeigt, dass Sie in Sachen Kreativität ein bisschen was tun sollten. Da geht nicht alles von allein. Aber Sie haben ja genug Energie. Und Sie benutzen diese Energie nicht länger zum Unterdrücken Ihrer Wünsche, sondern zu deren Erfüllung. Und, das

zeigt nun das grüne, Sie gewinnen ständig an Selbstvertrauen. Sie haben etwas, das auch nicht gerade alltäglich
ist: Stolz. Sie zeigen, dass Sie sich nicht alles bieten lassen. Sie können eine klare Grenze ziehen. Können Nein
sagen. Sie sind bereit, etwas zu riskieren. Im Gegensatz
zu den Leuten, die lieber auf Nummer sicher gehen und
fett und grau im Fernsehsessel hängen bleiben. Nicht
Sie. Sie sind bereit, die volle Schwingung des Lebens zu
leben, nach oben wie nach unten. Dann mal los. Winken
Sie uns doch gelegentlich zu.

Leidenschaft · Energie · Leichtfertigkeit

Rot	Gelb	Weiß	Grün	Orange
3	–	–	–	2

Sie sind leidenschaftlich. Und unruhig. Aktiv. Und ein bisschen oberflächlich. Sexy. Und leichtgläubig. Sexy und leichtgläubig? Ja, man kann Ihnen allerhand einreden. Wenn in irgendeinem Film ein Paar wild auf dem Küchentisch tobt, dann wollen Sie das nachmachen. Und wundern sich, wenn unter Ihnen der Tisch zusammenbricht. Oder irgendein Magazin gaukelt Ihnen vor, im Ruderboot sei die Liebe besonders romantisch. Und Sie halten sich daran und kentern prompt. Toll, wie viel erotische Energie in Ihnen  steckt! Wie viel Enthusiasmus! Aber lassen Sie sich nicht alles aufbinden. Drei rote Herzen und zwei orange Signallampen sind in England das Wahrzeichen einer berühmten Vereinigung: der Interessengemeinschaft der durch Dating-Apps Geschädigten. Dreimal Rot, zweimal Orange haben Sie gezogen. Es kann Ihnen passieren, dass Sie Schwindeleien glauben. Gerade, wenn Sie lieben und voller Begeisterung sind. Ist das schlimm? Nein. Sie machen es ja genauso. Denn Leichtgläubigkeit und Leichtfertigkeit gehören zusammen. Fragen Sie sich doch mal, ob nicht auch Sie manchem netten Menschen was vorgemacht haben. Nicht absichtlich. Aber immer dann, wenn Ihr Feuer schnell entzündet ist, erlischt es auch bald. Und es gibt Leute, die das trifft. Und die überlegen, ob sie nicht eine Vereinigung der durch Liebesschwindler Geschädigten gründen sollten. Mit Ihrem Foto auf dem Fahndungsplakat. Würde Ihnen das Spaß machen? Klar, weil Ihnen das Leben Spaß macht. Nach diesem Bärchenzug erst recht.

Ungeduld • Arbeit • Wohlstand

Rot	Gelb	Weiß	Grün	Orange
2	3	–	–	–

Reichtum macht nicht glücklich. Aber um einiges glücklicher als Armut. Und da trifft es sich gut, dass Sie drei gelbe Bärchen gezogen haben. Die bedeuten nämlich, dass Sie demnächst durch den Fluss des Geldes waten. Sie werden in Sachen Karriere, Arbeit, Wohlstand

mächtig unterstützt. Aber Sie haben auch noch zwei rote Bärchen gezogen. Und die sind eine Art Warnung. Vor Ihrer Ungeduld. Vor Ihrer unterdrückten Wut. Standen Sie nicht neulich an der Ampel hinter uns, und kaum war grün, drückten Sie schon heftig auf die Hupe? Oder waren Sie das, der oder die ungeduldig die Telefonzelle umkreiste, während wir drinnen gemütlich plauderten? Sie, die Arme in die Hüften gestemmt. Und heftig gegen die Scheibe geklopft. Die Glut in Ihren Augen machte sich ja ganz gut. Aber Sie waren sauer, stinksauer. Es steckt in Ihnen eine knallige Portion aggressiver Energie, die plötzlich hervorbrechen kann. Egal, ob Sie darüber selbst erschrocken sind, und ob es Ihnen später leidtut: Die Gefahr besteht darin, dass Sie sich durch Heftigkeit, Anspannung, Ungeduld selbst in die Quere kommen. Dass Sie hoffnungsvolle grüne Keime von Projekten und Beziehungen unbedacht niedertrampeln. Aber Sie kennen ja jetzt das Gegenmittel: Arbeit. Die drei gelben Bärchen besagen, dass Sie Ihr Potenzial an Wutenergie nur in den Kanal Arbeit umzulenken brauchen. Und schon regnet es Sterntaler. Also klotzen Sie ran, Mensch! Zur Feier der ersten Million kommen wir vorbei.

Aggression · Schärfe · Heilkraft

Rot	Gelb	Weiß	Grün	Orange
2	2	1	–	–

He! Vor Ihnen muss man sich ja richtig in Acht neh-men. Wissen Sie, welche Farben Sie gezogen haben? Die Farben des traditionsreichen französischen Verbandes der Tontaubenschützen! Wollen Sie etwa auf unschuldige Tontäubchen ballern? Damit es Scherben regnet? Na gut, das wollen Sie nicht. Aber im übertragenen Sinn machen Sie das. Sie haben die Farben der Aggression (zweimal Rot) und der Verbohrtheit (zweimal Gelb) gezogen. Dazu das weiße Bärchen der Klarheit und Freiheit. Dazu kom-men wir gleich. Aber erst mal müssen wir noch auf Ihnen herumhacken. Also: Sie sind ja wohl ein bisschen überdreht, was? Ungeduldig? Dazu ein bisschen neidisch? Und starr-sinnig? Sie wischen anderen gern eins aus! Und das tun Sie am liebsten auf die indi-rekte Art. Weil Sie nicht gerade der Mut in  Person sind. Was wir da aufgezählt haben, ist einfach nur die Kehrseite einer hervorragenden Eigenschaft: Sie sind enorm kritikfähig. Sie sehen sofort, wenn wo was nicht stimmt. Das sehen Sie auch bei sich selbst. Mit Ihrem Scharfblick können Sie jemanden abschießen. Aber Sie können ihm auch helfen. Und Sie haben jetzt ein weißes Bärchen gezogen, das Symbol der Intuition, der geistigen Führung, der Heilkraft. Das heißt, dass Sie gerade dabei sind, Ihre erstaunliche Begabung in segensreichen Balsam zu verwandeln. Ein spannender Vorgang! Wenn Sie damit fertig sind, melden Sie sich doch mal bei uns.

Kritik • Begrenzung • Selbstvertrauen

Rot	Gelb	Weiß	Grün	Orange
2	2	–	1	–

Zwei rote und zwei gelbe Streifen, von einem grünen Band umwunden, das ist das Wappen der traditionsreichen British Critics Association. Das ist die Vereinigung britischer Kritiker aller Art. So eine Vereinigung gibt es vielleicht nur in England. Aber Kritiker gibt es auch bei uns. Sie zum Beispiel. Sie gehören sogar zu der besonders scharfen Sorte. Sie haben einen scharfen Verstand. Nur,

dieser Verstand könnte Ihnen gelegentlich im Weg stehen. Weil Sie dauernd Urteile abgeben, nicht über andere, sondern auch über sich selbst. Sie bewerten ständig, was Sie tun. Und das kann enorm hemmen. Da zum Beispiel, wo es auf Offenheit ankommt: in der Liebe, in der Sexualität. Auch in der Kunst, wenn Sie selbst kreativ sein wollen. Zweimal Rot steht für eine latente Aggressivität, aber auch für die Furcht, die dahintersteckt. Zweimal Gelb für Begrenzungen und Blockaden und den Neid, der daraus entsteht. Das eine grüne Bärchen aber steht für die Wandlung, die sich gerade bei Ihnen vollzieht. Für Ihre Bereitschaft, Klarheit zu schaffen in Beziehungen, im Job, in Ihrer

Wohnung. Für die Leichtigkeit und Souveränität, die Sie erlangen, indem Sie unerledigte Angelegenheiten abschließen. Für das Selbstvertrauen, das Ihnen dadurch zuwächst. Und das Ihnen ermöglicht, Ihr Urteilsvermögen so einzusetzen, dass es Ihnen und anderen hilft. Und den Verstand mal abzuschalten, wenn nur Gefühl gefragt ist. Heh! Nicht lästern! Abschalten!

Aggressivität · Widerstand · Heiterkeit

Rot	Gelb	Weiß	Grün	Orange
2	2	–	–	1

Oh, das hätte den Marquis gefreut! Er hätte Sie sofort in seine Crew aufgenommen! Ja, er hätte Sie vielleicht zum Meisterschüler gemacht. Von wem die Rede ist? Na, vom Marquis de Sade, dessen Farben Sie gezogen haben. Wir wissen nach dieser Farbkombination, dass Sie eine leise, ganz sachte Neigung zum Sadismus haben. Und damit auch zum Gegenpol, zum Masochismus. Zum verletzenden und selbstverletzenden Verhalten. Sehen wir es genauer an. Zweimal Gelb heißt Hemmungen und Blockaden. Zweimal Rot steht für den aggressiven Versuch, diese Blockaden zu überwinden. Das sieht dann so aus, dass Sie Ihre Sympathie nicht ausdrücken können und stattdessen eine dumme Bemerkung machen. Dass Sie nicht sagen mögen, dass Sie jemanden lieben, und dass Sie ihn stattdessen zwicken und kneifen. Dass Sie das Gefühl haben, Sie spüren das Leben besonders intensiv, wenn es schmerzt. Wenn Sie sich an einem Widerstand reiben. Wie weit Sie dieses Gefühl kultivieren, ist Ihnen überlassen. So weit wie der Marquis werden Sie nicht gehen.

Denn etwas unterscheidet Sie von ihm: Ihr Humor. Sie haben ein oranges Bärchen gezogen, und das steht für spielerische Neigungen, für Heiterkeit, für Kreativität. Und das heißt auch: Die Faszination des Schmerzes wird überwunden durch die Anziehungskraft der Freude. Der Lebenslust. Der Leichtigkeit. Eine interessante, verlockende Kombination!

Rot	Gelb	Weiß	Grün	Orange
2	1	2	–	–

Ausgerechnet Sie! Diese Farben waren die Lieblingsfarben von Mae West, der ersten Sex-Queen des amerikanischen Films. Ein Bouquet aus zwei roten Blüten, zwei weißen und einer gelben ließ sie stets dem Mann zukom-

men, den sie auserwählt hatte. Was bedeutet das? Dass Sie ein erotischer Superstar sind? Mal sehen. Zweimal Rot steht für Furcht, die sich in Aggressivität äußern kann. Zweimal Weiß heißt Irrtümer und Illusionen. Auf den ersten Blick nicht auffallend erotisch. Aber da ist noch ein gelbes Bärchen, und das steht für Entschiedenheit und Entwicklung. Damit kommen wir der Sache nahe. Zweimal Rot: Jahrelang, erklärte Mae West, habe sie sich vor Sex gefürchtet, weil sie dachte, sie mache vielleicht etwas falsch. Zweimal Weiß: Am Anfang habe sie gedacht, es käme auf Schönheit an, und den Schönheitsnormen entsprach sie nicht. Auch hatte sie von einem idealen Orgasmus gelesen und wollte partout den erreichen. Erst als sie diese Irrtümer beiseite geräumt hatte – man dürfe nichts falsch machen, Schönheit sei wichtig, es gebe beim Sex ein Ziel – und nur noch dem eigenen Gespür folgte, lief alles wie von selbst. Alles klar? Sie müssen sich darüber klar werden, was Sie wollen, und diesem Willen folgen. Dann überwinden Sie jede Furcht. Sobald Sie enge Normen und Ideale verabschieden, verschwinden Ihre Hemmungen. Sie sind gerade dabei, diesen Schritt zu tun. Das zeigt das aufmüpfige gelbe Bärchen. Sie haben sich für Ihren eigenen Weg entschieden. Und der wird spannend.

Aggressivität · Klärung · Auftrieb

Rot	Gelb	Weiß	Grün	Orange
2	1	1	1	–

Sie geben gern zu, dass Sie ein paar Schwächen haben. Aber grundsätzlich halten Sie sich für einen liebevollen und vernünftigen Menschen. Dass Sie auch missgünstig, herrschsüchtig und egoistisch sind, wollen Sie nicht wahrhaben. Denn die beiden süßen roten Bärchen bedeuten: Sie unterdrücken Energie. Die taucht erstens immer wieder in unschönen kleinen Ausfällen auf. Und begegnet Ihnen zweitens in anderen Leuten. Wenn Sie sich zum Beispiel mit Ihrem eigenen Machtstreben nicht auseinandersetzen, werden Sie einem autoritären Chef begegnen. Wenn Sie Ihren Zorn unterdrücken und sich immer friedfertig geben, werden Sie einen streitenden Partner bekommen. Diese Konstellationen wiederholen sich so lange, bis Sie Ihre eigene aggressive Energie ans Licht holen. Denn die

fehlt Ihnen zur Lebendigkeit. Ans Licht holen? Ja, ganz einfach. Schreien Sie mal im Wald oder im Auto. Schlagen Sie auf ein Kissen ein, und stellen Sie sich dabei ein Gesicht vor. Heulen Sie, grollen Sie, stampfen Sie. Sie werden sich wunderbar durchströmt fühlen und wach sein und leuchtende Augen haben. Oder nehmen Sie Gesangsunterricht. Es gibt viele Wege, gestaute Energie in Fluss zu bringen. Und noch mehr Wege, sie dann einzusetzen. Ihr grünes Bärchen zeigt, dass Sie auf diese Weise zu Festigkeit und Selbstvertrauen gelangen. Das weiße deutet an, dass Sie eine ungewohnte Klarheit des Geistes, ja, überhaupt des Lebens erreichen. Und das gelbe, dass Ihnen damit Erfolg beschieden ist. Also raus mit der Wut. Zerreißen Sie ruhig dieses Buch! Aber kaufen Sie dann sofort ein neues. Damit wir auch was davon haben.

Spannung · Intuition · Kreativität

Rot	Gelb	Weiß	Grün	Orange
2	1	1	–	1

Eine brisante, eine gefährliche, eine dramatische Kombination! Stellen Sie sich mal vor, Sie sehen aus dem Fenster, und drüben im Haus Ihrer Nachbarn geschieht ein Mord. Oder schlimmer: Sie gehen über die Straße, plötzlich hören Sie ein Schwirren in der Luft, dazu gellende

Vogelschreie, und ein Schwarm schwarzer Krähen stürzt sich auf Sie! Noch schlimmer: Sie stehen unter der Dusche, da geht die Tür des Badezimmers auf, und ein Fremder schleicht herein mit einem Messer in der Hand! Grusel! Schock! Schrei!

Werden Sie so etwas erleben? Bestimmt nicht. Aber es ist gut möglich, dass Sie so etwas erfinden. Denn Sie haben die Lieblingskombination von Alfred Hitchcock gezogen. Für einen Thriller, so sagte er, braucht man Bosheit und Angst (zweimal Rot), Intuition (Weiß), Ehrgeiz (Gelb) und spielerische Kreativität (Orange). Genau diese Farben haben Sie aus der Tüte gefischt. Sie können die übrigens auch zu Hitchcocks Lieblingsdrink mixen: Tequila Sunrise. Aber viel wichtiger: Die kräftige Portion Aggressivität, die Sie mit sich tragen (zweimal Rot), und die gekoppelt ist mit einer vagen Furcht – diese innere Spannung können Sie schöpferisch verarbeiten (Orange). Sie haben nicht nur den nötigen Ehrgeiz (Gelb), Sie können vor allem Ihrer inneren Stimme vertrauen (Weiß) statt den Stimmen der anderen. Sie wissen schon, was Sie eigentlich tun wollen und tun sollen. Sie spüren, wohin Ihre Begabung weist. Sie müssen ihr nur folgen. Krimis sind lediglich eine Ihrer vielen Möglichkeiten, und vielleicht nicht die beste. Obwohl: Wir würden zu Ihren Lesern oder Zuschauern zählen. Mit Vergnügen.

Tatenlosigkeit · Ohnmacht · Aufbruch

Rot	Gelb	Weiß	Grün	Orange
2	1	–	2	–

Kann es sein, dass Sie manchmal ausrasten, weil es einfach nicht weitergeht? Dass Sie deprimiert sind, weil nichts sich bewegt? Oder dass andere Leute sich ärgern, weil Sie nichts verändern? Ja, das ist so. Aber das ist die längste Zeit so gewesen. Ihre Kombination steht für Stagnation (zweimal Grün) und für gestaute Wut und Ohnmacht (zweimal Rot). Leute, die mit dieser Kombination durchs Leben gehen, erkennt man am bitteren Zug um den Mund. Sie nicht. Denn Sie haben noch ein gelbes Bärchen gezogen. Und

das bedeutet: Sie werden aus ohnmächtiger Wut Power machen. Und Tatenlosigkeit in Festigkeit verwandeln. Tina Turner ließ sich zehn Jahre lang von ihrem Mann vermöbeln. Eines Tages, dachte sie, wird das Schicksal mich erlösen. Tat es aber nicht. Die Ehe ging immer so weiter. Bis Tina Anzeige erstattete, den Kontakt abbrach. Heute sagt sie: Das Schicksal unterstützt nur den, der selbst was tut. Nicht länger warten – anfangen!, sagte sich ein kleiner Studienabbrecher namens Steve Jobs, der in einem dumpfen Büro vor sich hin dämmerte. Wenn ich weiter hoffe und warte, staube ich ein. Und er fing an, Kurse zu machen, Führungstrainings, Verkaufsseminare. In seiner Freizeit, auf eigene Kosten. Ein paar Jahre später war er der höchstbezahlte Chef der Welt. Und Sie? Sie sind das noch nicht. Aber Sie sind bereit, ein Risiko einzugehen. Das gelbe Bärchen zeigt es. Sie sind zu lebendig, um zu versacken. Zu neugierig, um auf der Stelle zu treten. Sie haben jetzt den Mut, Probleme anzupacken. Sie werden wagen. Und gewinnen. Garantiert.

Rot	Gelb	Weiß	Grün	Orange
2	1	–	1	1

Wenn uns nicht alles täuscht, haben wir kürzlich neben Ihnen im Konzert gesessen. Oder im Flugzeug? Jedenfalls mussten wir uns eine Lehne teilen. Wir erinnern uns, wie Sie gedrückt haben. Weil Sie die Lehne für sich wollten. Oder waren Sie das neulich im Supermarkt? Mit dem Wagen heftig drängelnd, um nur ja an die kürzeste Schlange zu kommen? Zwei rote Bärchen heißt: Sie haben eine Portion Wut im Bauch. Sie toben nicht hemmungslos herum. Aber Sie sind immer mal wieder aggressiv. Wenn Sie das Gefühl

haben, Sie kommen zu kurz, oder es geht zu langsam, oder Sie werden übervorteilt. Warum? Weil Sie Ihre Energie unterdrücken, statt sie zu nutzen. Aber genau das ändert sich jetzt. Sie haben ein oranges Bärchen gezogen, das Symbol der Kreativität. Und Sie haben ein gelbes Bärchen gezogen, das Symbol für Arbeit und Wohlstand. Das heißt: Sie werden etwas aus Ihren Ideen machen, und das wird sich auszahlen. Und Sie haben noch ein grünes Bärchen aus der Tüte geangelt, das Symbol gelassenen Selbstvertrauens und der Kontinuität. Ihr Aufschwung, heißt das, bleibt keine Eintagsfliege. Im Gegenteil, man kann sich auf Ihren Erfolg verlassen. Und Ihre aggressive Energie wird sich zu innerem Feuer wandeln. Und Sie können es sich leisten, großzügig zu sein. Sie haben es nicht nötig zu drängeln. Bei der nächsten Begegnung im Supermarkt lassen Sie uns also vor, okay? Und die Lehne im Konzert oder Flugzeug, die überlassen Sie uns, einverstanden? Na, wir sind gespannt.

Unzufriedenheit • Schmerz • Aufbruch

Rot	Gelb	Weiß	Grün	Orange
2	1	–	–	2

Alle Achtung! Sie haben die gleiche Kombination von Farben gezogen, die auch im Wappen des berühmten Dichters Ritter Leopold von Sacher-Masoch auftauchen. Der Ausdruck Masochismus geht auf diesen Ritter Leopold zurück. Er hatte was übrig für selbstquälerisches Verhalten, besonders in Liebesdingen. Sie nicht? Doch, Sie auch. Sonst hätten Sie nicht diese Bärchen gezogen. Zweimal Orange bedeutet eine gewisse Oberflächlichkeit und Unruhe. Zweimal Rot steht für den aggressiven Versuch, diese Oberflächlichkeit zu durchstoßen, auch für die Furcht, die dahintersteht. Das kann etwa so aussehen, dass Sie immer wieder bis an Ihre Schmerzgrenze gehen. Mitunter provozieren Sie sogar, dass Sie verletzt werden. Zum Beispiel treffen Sie immer wieder den Menschen, der Ihnen einmal wehgetan hat und der das noch öfter tun wird.

Oder Sie liefern sich Leuten aus, die sich über Sie lustig machen. So etwas schmerzt, aber in diesem Schmerz spüren Sie sich. Spüren Sie eine besondere Intensität des Lebens, vielleicht auch der Liebe. Denn Sie haben das

Gefühl, dass die Oberfläche, auf der alle sich die meiste Zeit bewegen, nicht alles ist. Dieses Gefühl ist richtig. Und dass Sie jetzt ein gelbes Bärchen gezogen haben, heißt, dass Sie aus dieser Tiefe des Gefühls etwas machen werden. Dass Sie zu ehrgeizig, zu neugierig, zu sehr auf der Suche sind, um im Erleiden des Lebens zu verharren. Sie wollen es gestalten. Und das werden Sie. Spätestens ab jetzt.

Furcht · Fantasie · Freude

Rot	Gelb	Weiß	Grün	Orange
2	–	3	–	–

Ihre Liebesfähigkeit ist großartig. Überhaupt Ihre Vitalität. Aber kann es sein, dass Sie die gar nicht richtig ausleben? Aus Unsicherheit? Weil Sie sich selbst nicht so ganz trauen? Wir fragen das, weil Sie zwei rote Bärchen gezogen haben. Die stehen für eine Furcht, unter der es brodelt. Dass Sie drei weiße Bärchen gezogen haben, ist

allerdings Grund zum Feiern. Denn dreimal Weiß bedeutet Freiheit, Fantasie, Sensibilität, Intuition. Eigenschaften, mit denen Sie Ihre gefesselte Energie in Freude umwandeln können. Wie soll denn das aussehen? Na, etwa so: Sie möchten wild tanzen, aber Sie trauen sich nicht; denn da sehen Leute zu, deren Urteil Sie fürchten. Oder Sie möchten jemanden umarmen, aber irgendwie haben Sie das Gefühl, die anderen fänden das unpassend. Sie möchten sich hemmungslos der Liebe hingeben, aber Sie haben den Eindruck, Ihren Partner würde das irritieren. Sie sind sensibel. Sie achten sehr auf andere. Aber manchmal zu sehr. Wenn Sie stattdessen mal Ihre Kontrollgedanken loslassen und Ihrer Intuition vertrauen, läuft alles wie von selbst. Und Sie haben eine wunderbare Intuition. Der werden Sie jetzt folgen, und nicht den Sätzen, die andere Ihnen einreden. Das bedeutet dreimal Weiß. Und Sie werden Ihre Fantasie fruchtbar machen. Seitensprünge finden Sie unangebracht? Machen Sie sie in der Fantasie! Den Strom der Ideen, der jetzt zu fließen beginnt, werden Sie ohnehin nicht aufhalten können.

Verstiegenheit · Täuschung · Klarsicht

Rot	Gelb	Weiß	Grün	Orange
2	–	2	1	–

Kennen Sie Friederike Kempner? Für Sie wäre es vielleicht ganz aufschlussreich, mal ein paar Gedichte von der zu lesen. Warum? Weil die Frau Ihre Farben im Wappen trug. Zwei rote und zwei weiße Blümchen umarmten sich darin. Das hielt sie für das Symbol von Reinheit in Liebe. Ist aber in Wahrheit das Symbol von Überspanntheit (zweimal Rot) und Illusion (zweimal Weiß). Eigenschaften, die auch Ihnen nicht völlig fremd sind. Nur haben Sie auch noch ein grünes Bärchen gezogen. Das bedeutet, Sie haben  etwas, was die Kempner nie erlangte: Wirklichkeitssinn. Die nämlich hielt sich ihr Leben lang für tiefgründig und romantisch und merkte nicht, wie die Leute über sie lachten. So was haben Sie auch schon erlebt. Dass Sie sich oberschlau und feinsinnig dünkten, und andere haben nur gekichert. Dass Sie glaubten, Sie haben das Superlos gezogen, und andere mussten Sie darauf aufmerksam machen: Das ist eine Niete. Aber Sie haben ja ein grünes Bärchen gezogen. Und das zeigt an: Sie gewinnen Boden. Klarsicht. Selbstvertrauen. Sie bringen

Ordnung in Ihre Schubladen. In Ihre widerstrebenden Gefühle. Sie erkennen, wohin Sie wollen. Man kann sich auf Sie verlassen. Wenn Sie trotzdem noch schwärmerischen Unsinn in die Welt setzen wollen, tun Sie es nur. Die Gedichte der Kempner werden heute noch gelesen. Allerdings haben lediglich die Erben was davon. Das geben wir Ihnen zu bedenken.

Rot	Gelb	Weiß	Grün	Orange
2	–	2	–	1

Sagt Ihnen der Name Peter von Amiens etwas? Oder Bernhard von Clairvaux? Papst Urban II.? Das waren Leute, die genau die Farben schätzten, die Sie gerade gezogen haben. Blutrot und Blütenweiß. Sie waren Meister der flammenden Predigt. Sie verstanden es, Menschen

zum Krieg aufzupeitschen. Denn sie waren die Prediger der Kreuzzüge. Was hat das mit Ihnen zu tun? Nun, die beiden roten Bärchen zeigen: Sie haben die Power. Die Streitlust. Die Fähigkeit, andere zum Aufbruch zu bewegen, ja, sie sogar in Alarmstimmung zu versetzen. Sich selbst übrigens auch. Die beiden weißen Bärchen sagen: Sie haben überdies die Gewissheit, dass Sie im Recht sind. Dass Ihre Motive rein sind. Dass Sie berufen sind, andere geistig zu leiten. Diese Illusion, verbunden mit Ihrer kämpferischen Energie, ist eine aufreizende Kombination. Sie könnten glatt so was wie ein Sektengründer werden. Doch Sie hätten dabei immer eine untergründige Angst. Weil Sie Ihre fröhliche, unbeschwerte Seite unterdrücken müssten. Und genau die blüht jetzt auf. Sie besitzen nämlich noch etwas, was die Eiferer der Kreuzzüge nicht im Geringsten besaßen: Humor. Dafür steht das orange Bärchen. Sie haben eine verspielte Fantasie. Eine schöpferische Begabung. Und damit werden Sie Ihre enormen Energiereserven und Visionen verwandeln. Jetzt, mit neuen Kontakten, mit spielerischem Ausprobieren, mit Reisen im Geist und in der Wirklichkeit, werden Sie Ihr Potenzial entwickeln. Eigentlich schade: Wir hätten Sie so gern mal predigen gehört.

Ohnmacht • Tatenlosigkeit • Klarheit

Rot	Gelb	Weiß	Grün	Orange
2	–	1	2	–

Sie haben doch da diese Freundin, die gern schlanker wäre, aber weiter ihre Kalorienbomben lutscht. Wieso ändert sie das nicht? Sie sagt: Ich weiß auch nicht, ich bin nun mal so. Oder: Das ist mein Frust. Wenn ich eine gute Beziehung hätte... Mag sein. Aber so wird sie die gute Beziehung nicht kriegen. Nicht, solange sie den Frust mit sich herumschleppt. Wie sie den loswird? Indem sie bei sich anfängt. Bei den Lutschbomben. Damit sie sich wieder stolz im Spiegel ansehen kann. Aber das nur als Beispiel. Für Leute, die ein Leben lang mit der Bärchenkombination zweimal Rot, zweimal Grün herumlaufen: gestauter Ärger (zweimal Rot) plus Tatenlosigkeit (zweimal Grün). Eine Kombination, die komischerweise Sie jetzt gezogen haben. Nanu! Wie kommt das denn? Ähneln Sie etwa dieser Freundin ein bisschen? Kann es vorkommen, dass

auch Sie immer hoffen, dass irgendein Problem sich von selbst auflöst? Und mit dem Fuß aufstampfen möchten, weil nichts sich ändert? Es muss ja nicht um Schlankheit gehen. Es geht um jedes Problem, bei dem Sie auf einen Anstoß von außen warten. Statt selbst in Gang zu kommen. Aber das weiße Bärchen zeigt es: Ihre Intuition meldet sich zu Wort, und zwar energisch. Ihnen wird unmissverständlich klar, was Sie eigentlich wollen. So unmissverständlich, dass Sie loslegen. Den Anruf machen. Die Bewerbung schreiben. Die endlos aufgeschobene Entscheidung endlich fällen. Sie werden wagen. Und gewinnen.

Wut · Klarheit · Kreativität

Rot	Gelb	Weiß	Grün	Orange
2	–	1	1	1

Hochinteressant! Sie haben Farben gezogen, die im Wappen zweier sonderbarer Leute der Vergangenheit auftauchen: bei Margarete Minde und Michael Kohlhaas. Die eine legte ihre Heimatstadt in Schutt und Asche, weil sie betrogen worden war. Der andere zettelte einen Feldzug an, weil man ihn bestohlen hatte. Beide waren im Recht;

aber bei der Durchsetzung verloren sie jedes Maß. Tun Sie das auch? Nein. Aber Sie fühlen sich häufig ungerecht behandelt. Und ärgern sich dann und schmieden Rachegedanken. Die führen Sie nicht aus, aber in Ihnen staut sich die Wut. Das ist so bei zwei roten Bärchen: Die Energie wird unterdrückt und nicht genutzt. Aber jetzt haben Sie ein oranges Bärchen gezogen, das Symbol der Kreativität. Und das heißt: Ein Türchen geht auf bei Ihnen, das Türchen zum grenzenlosen Reich Ihrer Einfälle und Ideen. Dazu haben Sie ein grünes Bärchen gezogen, das Symbol gelassenen Selbstvertrauens und der Kontinuität. Und Sie haben noch etwas aus der Tüte gefischt: das Symbol der Klarheit und der Intuition, ein weißes Bärchen. Mit dieser Kombination können Sie eine Menge erreichen, ohne zu randalieren. Die Orange-Grün-Weiß-Verbindung ist bestens geeignet, ihre aggressive Energie für glücklichere Taten zu nutzen. Klarheit, Selbstvertrauen und Kreativität, verbunden mit Energie und Durchsetzungskraft, damit können Sie sehr weit und sehr hoch kommen. Wenn Sie Lust haben. Und wir glauben, die haben Sie.

Spannungen • Unruhe • Klärung

Rot	Gelb	Weiß	Grün	Orange
2	–	1	–	2

Geht es Ihnen gut? Ja? Na, sagen wir: So lala. Stimmt's? Es rumort in Ihnen. Und es rumort um Sie herum. Das ist keineswegs schlecht, aber Sie sind irritiert. Zweimal Rot bedeutet Ungeduld, auch eine verhaltene Furcht. Und zweimal Orange nervöse Unruhe. Zeigt sich das nicht auch in Ihren Träumen? Leute mit dieser Bärchenkombination berichten von unerfreulichen nächtlichen Bildern. Da explodiert ein Flugzeug. Oder bleierne Angst nistet in dunklen Räumen. Insekten kriechen über Ihr Kissen. Jemand liegt unterm Bett. Oder steht im Zimmer und will Sie ermorden. Oder Sie sind eingeschlossen. Gruselig? Ja, gruselig. Aber ein gutes Zeichen. Sie haben ja auch ein weißes Bärchen gezogen, das Symbol für Klarheit und Reinigung. Albträume sind nämlich immer ein Zeichen dafür, dass etwas in Bewegung kommt. Dass Altes zurückgelassen wird. Und dieser Kampf wird gerade in Ihrem Inneren ausgefochten. Sie werden ein bisschen geschüttelt, damit Sie bewusst und wach werden. Es beginnt eine Zeit neuer Chancen. Und das weiße Bärchen zeigt:

Sie klettern eine Stufe rauf auf der Leiter Ihrer Entwicklung. Und werden plötzlich ungewohnt klar sehen. Und eine neue Souveränität an den Tag legen. Noch schwindelt Ihnen ein bisschen. Aber das gibt sich. Wir sehen Ihnen jedenfalls gespannt beim Klettern zu.

Ordnung · Ungeduld · Heilung

Rot	Gelb	Weiß	Grün	Orange
2	–	–	3	–

Sie haben eine ungewöhnliche Begabung, anderen Leuten zu helfen. Sie können Hektikern Ruhe geben, Chaoten Klarheit verschaffen, Orientierungslosen die Richtung zeigen. Sie besitzen auch heilende Fähigkeiten. Nicht zufällig haben Sie Rot und Grün gezogen, die Farben des Internationalen Shiatsu Networks, also der energetischen Masseure. Sie haben einfach ein gutes Körpergefühl. Für sich selbst und für andere. Sie spüren, wo im Körper Verspannungen sitzen, wo Verkrampfungen gelöst werden müssen, wo Energie in Fluss kommen soll. Sie können solche Probleme wunderbar auf körper-

licher Ebene lösen, aber auch auf geistiger; zum Beispiel, wenn jemand einfach nicht mehr weiterweiß. Sie können ihm zuhören. Sie können klärende Fragen stellen. Was Ihnen nur immer wieder in die Quere kommt, ist eine Mischung aus Furcht und Ungeduld. Eine innere Unruhe, die Ihnen die Klarheit Ihres Gespürs verdunkelt. Und unterschwellig wird so eine leichte Furcht vielleicht immer da sein. Aber das hindert Sie daran, hochmütig zu werden und sich für den großen Guru zu halten. Denn die Begabung dazu haben Sie immerhin. Es gibt etliche – oder es wird etliche geben –, die sich als Ihre Schüler betrachten. Tragen Sie es mit Fassung. Üben Sie sich in der wundersamen Begabung, Blockaden, Verhärtungen, Verspannungen aufzuspüren und zu lösen, körperlich und geistig, bei sich und bei anderen, und Sie haben Großes vor sich. Nehmen Sie uns schon mal in Ihren Terminkalender auf.

Ohnmacht · Tatenlosigkeit · Kreativität

Rot	Gelb	Weiß	Grün	Orange
2	–	–	2	1

Sie haben einen besseren Job verdient. Oder eine bessere Beziehung. Eine bessere Umgebung. Stimmt's? Stimmt. Und wieso stecken Sie noch in dem alten Sumpf? Weil Sie zwei rote und zwei grüne Bärchen gezogen haben. Was nichts anderes bedeutet, als dass Sie zu lange auf den Anstoß von außen warten. Das ist so wie bei dieser Freundin von Ihnen, die immer am Computer sitzt und emsig arbeitet. Deren Boss das leider nicht so richtig merkt. Und die lange, viel  zu lange, keine Gehaltserhöhung mehr gekriegt hat. Die müsste eigentlich mal hingehen und nachfragen. Tut sie aber nicht. Ich bin heute irgendwie nicht in der Stimmung dazu, sagt sie. Aber das Schicksal funktioniert umgekehrt. Erst den inneren Schweinehund überwinden und mal ein Risiko eingehen, dann bessert sich die Stimmung wie von selbst. Hoffen und Warten führt zu nichts. Wer nicht wagt, der nicht gewinnt. Schlimmer noch: Wer nichts wagt, der verliert. Und behauptet am Ende, er habe ein ungünstiges Schicksal gehabt. Barer Unsinn. Der Trick der Leute, die ihre Träume nicht nur träumen, sondern leben, ist ganz einfach: Was wagen. Und genau das machen Sie nun. Das orange Bärchen zeigt es: Sie kriegen jetzt einen kreativen Kick. Sie spüren Hummeln im Popo. Sie werden den Anruf machen. Die Bewerbung schreiben. Das unangenehme Gespräch riskieren. Ein Risiko eingehen. Nicht auf Nummer sicher gehen. Auch nicht in Beziehungen. Es kommt Licht und Heiterkeit in Ihre Bude. Sieht gut aus für Sie!

Schadenfreude · Verstellung · Selbstvertrauen

Rot	Gelb	Weiß	Grün	Orange
2	–	–	1	2

Zweimal Orange bedeutet Oberflächlichkeit. Zweimal Rot Aggressivität. Wie geht das zusammen? Zum Beispiel so. Ihre Nachbarn haben einen großartigen Urlaub verlebt. Das Wetter war fantastisch, die Landschaft einmalig, das Quartier luxuriös und trotzdem billig, und alle haben sich blendend verstanden. Schön, nicht? Da freuen Sie sich für Ihre Nachbarn! Oder? Oder würden Sie sich mehr freuen,

wenn die Koffer dieser Leute am Ende des Urlaubs statt nach Hause nach Timbuktu geflogen wären? Wenn es die meiste Zeit geregnet hätte? Wenn neben dem Hotel eine Baumaschine gedröhnt hätte? Klar würde Sie das freuen.

Sie würden nicht laut jubeln. Aber Sie könnten Ihre Nachbarn trösten, und das täte Ihnen gut. Sie sind nämlich schadenfroh. Ist das schlimm? Nein. Schadenfreude ist natürlich. Bei Ihnen hängt sie erstens damit zusammen, dass Sie sich anderen überlegen fühlen möchten. Und zweitens finden Sie, dass ein Missgeschick den anderen menschlicher macht. Er zeigt sich verletzlich. Deshalb fühlen Sie sich ihm näher. Denn das steckt hinter Ihrer Schadenfreude: Sie möchten mehr Nähe. Mehr Vertrautheit. Die beste Voraussetzung dafür entwickeln Sie gerade – Ihr Selbstvertrauen. Das grüne Bärchen zeigt es. Sie bringen Ihren eigenen Kram in Ordnung. Und bekommen dadurch so viel Klarheit, Selbstsicherheit, Stärke, dass Sie sich mit anderen sogar neidlos mitfreuen können! Nur, wenn Sie mal von einem besonders peinlichen Missgeschick hören – erzählen Sie uns davon. Damit wir auch mal eine Freude haben.

Leichtigkeit · Ungeduld · Kreativität

Rot	Gelb	Weiß	Grün	Orange
2	–	–	–	3

Von dem englischen Maler William Turner wissen wir, dass er in früher Jugend einen folgenreichen Unfall erlitt. Als er zu sich kam, stellte er fest, dass er alles dreifach sah. Als er in den Himmel blickte, hatte er ein Erleuchtungserlebnis: Er sah drei Sonnen. Und er war begeistert. Dieses Licht wollte er festhalten. Und als sich seine Sehkraft normalisiert hatte, begann er zu malen. Er wurde einer der Superstars der Kunstgeschichte, der größte Maler des Lichts. Und nun Sie. Sie brauchen keinen Unfall. Sie haben dreimal Orange gezogen. Und das heißt: Sie entwickeln jetzt Ihre Schöpferkraft. Ihre spielerische Seite. Ihr heiteres Naturell. Es beginnt eine Zeit munterer Ideen. In der Sie leicht auf Leute zugehen können. Eine Zeit der Lust. Oder werden Sie ungeduldig, wenn Sie nicht gleich auf Anhieb  der Star sind? Wollen Sie die kreative Leichtigkeit durch Ungeduld und Machtstreben aufs Spiel setzen? Mit dem Kopf durch die Wand statt locker herumzuprobieren? Wir fragen das, weil Sie noch zwei rote Bärchen gezogen haben. Zweimal Rot weist auf Anspannung und Streitlust hin. He! Sie brauchen jetzt nicht zu kämpfen! Es geht mühelos mit Fantasie! Sie können gar nicht anders als kreativ und kontaktfreudig sein. Und wenn Sie streiten wollen, dann spielerisch. Als Meister im Wortgefecht. Als Highlight von Talkshows. Ja, treten Sie doch da mal auf. Wir schalten ein!

Begrenzung · Neid · Liebe

Rot	Gelb	Weiß	Grün	Orange
1	4	–	–	–

Kennen Sie diesen Klang, den es im Kopf gibt, wenn man heftig gegen die Wand rennt? Und wie finden Sie es, wenn Sie mit voller Wucht gegen eine verschlossene Tür knallen? Sie knallen richtig gern gegen verschlossene Türen, was? Eines ist sicher, wenn Sie vier gelbe Bärchen gezogen haben: Sie sind der Meister der Beulen und Blessuren. Weil Sie dauernd gegen Grenzen laufen. Häufig ist es, als seien Sie eingesperrt. Warum zieht das Leben draußen vorbei? Weil Sie sich selbst mattsetzen. Weil Sie Ihre eigenen Zellenwände errichten. Ihre eigenen Grenzen. Glaube an eine Grenze, und sie ist dein, sprach der

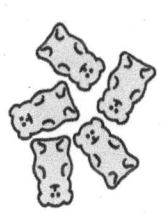

weise Buddha. Die Begrenzungen sind in Ihrem Kopf. Die Gitter sind in Ihrem Denken. Aber, das rote Bärchen zeigt es, Sie sind drauf und dran, Ihre Begrenzungen zu überwinden. Zum Beispiel diese: Sie sind neidisch, sogar missgünstig.

Hinter Neid und Missgunst steckt der Wunsch, es besser zu haben. Der Wunsch zu wachsen. Gut! Sie sind zuweilen starrsinnig. Verbohrt. Intolerant. Auch großartig! Denn das zeigt nur, dass Sie hohe Ideale haben.

Unser Tipp: Lassen Sie die mal beiseite. Hohe Ideale sind Wände, die Sie einschließen und andere ausschließen. Es gibt nur ein Ziel, das sich lohnt: Dass Sie Ihre Anlagen und Fähigkeiten entfalten. Das rote Bärchen zeigt es: indem Sie liebevoll sind. Zu sich selbst! Streicheln Sie sich! Dann werden Sie auch von anderen gestreichelt. Wir streicheln schon mal von fern. Merken Sie es? Da sehen Sie, wie durchlässig die Grenzen sind.

Selbstwertgefühl · Innerer Reichtum · Glanz

Rot	Gelb	Weiß	Grün	Orange
1	3	1	–	–

Schon mal von Akio Morita gehört? Der vom kleinen Radiobastler zum Sony-Gründer und Millionär wurde? Sie haben die Farbkombination seines Wahrzeichens gezogen. Jawohl, eine Millionärskombination! Er sagt: »Stellen Sie hohe Rechnungen. Respektiert wird nur der, der für seine Leistung auch etwas verlangt. Wenn Sie Ihre Arbeit billig weggeben, werden die Leute Sie missachten und Fehler bei Ihnen suchen.« Was soll das heißen? Gehaltserhöhungen zu verlangen oder gesalzene Preise zu fordern, ist Ihnen bislang

schwergefallen. Sie waren geneigt zu denken: Die Leute mögen mich nicht, wenn ich eine hohe Rechnung präsentiere. Doch das Gegenteil ist der Fall. Mit der Höhe Ihrer Rechnung wächst Ihr Ansehen. Motto: Die weiß, was sie wert ist. Oder der. Und Sie kapieren jetzt langsam, was Sie wert sind. Wie viel Reichtum in Ihnen steckt. Wie viel Talent. Und dass Sie nicht zu kleckern brauchen. Sie können klotzen. Sie gelangen jetzt auf eine Stufe des Selbstwertgefühls, die andere nie erklimmen. Und auf dieser Stufe wird sich Ihr innerer Reichtum auch außen zeigen. In so äußerlichen Dingen wie Konto-auszügen. Oder in Ihrem Gang. Oder in Ihrer Art zu wohnen, zu reden. In Ihrer Persönlichkeit. Sie haben das rote Bärchen der Leidenschaft gezogen, das Sie sanft und stark antreibt wie ein Propeller in Ihrem Rücken. Das weiße Bärchen der Intuition, das Ihnen das Vertrauen auf Ihre innere Stimme einflößt. Damit Sie wissen, wo Sie hinfliegen können und wo sich eine Zwischenlandung lohnt. Und die drei gelben Bärchen des Glanzes, der Ihre Tätigkeit umgibt. Sie können voll loslegen. Sie packen es an.

Wohlstand · Selbstbewusstsein · Kraft

Rot	Gelb	Weiß	Grün	Orange
1	3	–	1	–

Eine verheißungsvolle, Erfolg versprechende Kombination! Sie werden immer so viel Geld haben, wie Sie benötigen! Und vermutlich noch mehr! Nämlich exakt so viel, wie Sie brauchen, um glücklich zu sein. Diese Kom-

bination mit dem Rot der Liebe und der Leidenschaft, dem Grün der Geordnetheit und des Selbstvertrauens und dem dreifachen Gelb des sicheren Aufstiegs bedeutet: Sie haben etwas Entscheidendes auf Ihrem Lebensweg gelernt. Sich von Niederlagen nicht ausknocken zu lassen, sondern sie als Seminare zu sehen. Sie haben kapiert: Jeder Rückschlag ist nichts anderes als ein Intensivkurs. Ist dazu da, Sie zu Ihren eigentlichen Werten zu führen, Ihren Talenten, Ihrem unerschütterlichen Selbstbewusstsein. Denn das haben Sie, tief drinnen, ein bisschen von Staub bedeckt, aber dieser Staub wird jetzt weggepustet. So dass alle Ihr Leuchten sehen. Sogar Sie selbst. Das merken Sie daran, dass immer mehr positiv gestimmte Leute sich Ihnen anschließen – und Sie sich denen. Dass die Pechvögel und Runterzieher respektvoll Abstand halten – und Sie zu denen. Weil Sie einfach tun, was Ihnen Kraft bringt, und sich mit Leuten umgeben, die Sie aufbauen. Sie haben eine fantastische optimistische Kraft, mit der Sie so ziemlich alles erreichen können, was Sie glücklich macht. Sie können dankbar sein.

Leidenschaft · Kreativität · Glanz

Rot	Gelb	Weiß	Grün	Orange
1	3	–	–	1

Es sieht gut aus. Gut für Ihre Talente. Für das, was Sie vorhaben. Für Ihr Konto. Sie haben die beneidenswerte Farbkombination gezogen, mit der Calvin Klein sein Arbeitszimmer ausgestattet hatte. Sie wissen doch: Amerikas erfolgreichster Designer. Orange für Kreativität, Rot für Leidenschaft und dreimal Gelb für Aufwärtsentwicklung. Sie haben Abschied genommen vom Armutsbewusstsein. Es hat Zeiten gegeben, da dachten Sie: Das kann ich nicht. Dafür bin ich nicht talentiert genug. Und das, was ich mir wünsche, das kann ich mir nicht leisten. Diese Zeiten sind vorüber. Dreimal Gelb heißt: Sie lernen, sich selber wertzuschätzen. Sie ersticken nicht mehr Ihr eigenes Feuer. Sie lassen es strahlen. Sie denken auch nicht mehr: Ich bin bloß dies und das, ich kann nicht in Nobelklamotten herumlaufen. Können Sie, dürfen Sie, sollen Sie! Wenn das nun mal Ihre Wünsche sind! Wunscherfüllung bringt Sie weiter! Wer sagt: Das kann ich mir nicht leisten, denkt insgeheim: Das bin ich mir nicht wert. Aber Sie sind der wichtigste Mensch in Ihrem Leben. Und wenn Sie sich

nichts wert sind, dann halten andere Sie auch nicht für wertvoll. Und genau das haben Sie geschnallt. Sie sind sich endlich etwas wert. Und Ihre Umgebung spürt das. Die Leute ahnen Ihren inneren Reichtum, an den Sie selbst lange nicht geglaubt haben. Und der sich Ihnen jetzt öffnet, als hätten Sie erst jetzt das Schlüsselwort für Ihre Schatzkammer gefunden. Mit Ihrer Kombination aus Leidenschaft, Kreativität und Glanz können Sie sich eine Menge leisten. In jeder Beziehung. Wir sind gespannt.

Blendung · Täuschung · Liebe

Rot	Gelb	Weiß	Grün	Orange
1	2	2	–	–

Sie erinnern sich wahrscheinlich an das Märchen von des Kaisers neuen Kleidern. Ein paar Gaukler reden dem Kaiser ein, sie hätten wunderschöne Kleider mitgebracht. Doch sie zeigen ihm nur Luft. Die beiden schildern die 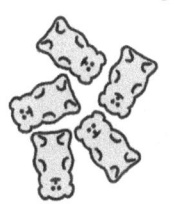 vermeintlichen Kleider allerdings so überzeugend, dass der unsichere König, der ja überhaupt nichts sieht, keinen Widerspruch wagt. Endlich lässt er sich von den Gauklern ankleiden, natürlich mit nichts, und paradiert so vor seinem Volk – auf einem Wagen, der in Weiß und Gold ausgeschlagen ist. In genau den Farben, die Sie jetzt gezogen haben. Was also sind Sie: Gaukler oder eitler Kaiser? Täuscher oder selbst Getäuschter? Sie sind beides. Sie können sehr gut täuschen. Aber mit Vorliebe sich selbst. Dagegen ist nichts zu sagen. Wir alle gaukeln uns gern etwas vor. Nur dass bei Ihnen die bekömmliche Dosis zuweilen überschritten wird. Dann bringen Sie es fertig, Ihre Illusionen für die Wirklichkeit zu halten. Und mehr noch: Sie versuchen, auch andere davon zu überzeugen. Uns macht nämlich stutzig, dass Sie ein rotes Bärchen gezogen haben. Rot wie Lebensenergie. Wie Liebe. Das ist natürlich gut. Aber wie werden Sie mit der Liebe umgehen? Bisher haben Sie auch da manches vorgetäuscht. Nur haben Sie schon gemerkt: Täuschen, bluffen, blenden macht einsam. Wer anderen was vormacht, hat am Ende das Gefühl, völlig unverstanden zu sein. Doch das ändert sich gerade bei Ihnen. Sie lassen sich von der verwandelnden Kraft der Liebe zur Wahrheit führen. Und von Ihren Täuschungsmanövern bleiben dann allenfalls ein paar reizende Komplimente. Worauf wir schon sehnsüchtig warten.

Rot	Gelb	Weiß	Grün	Orange
1	2	1	1	–

Die Schublade ist leer. Zwischen den Seiten Ihres Lieblingskrimis klebt ein Kaugummi, aber kein Schein. Die Blechdose spiegelt nur Ihr Gesicht. Der Boden ist blank. Genau wie Sie. Schon mal vorgekommen? Allerdings. Zweimal Gelb: Das bedeutet eine Blockade. In Sachen Geld, Arbeit, Wunscherfüllung. Eine Blockade durch begrenztes Denken. Wenn Sie das spüren, zum Beispiel weil Sie pleite sind, dann ist das ein Riesenglück. Ohne Pleite wäre er nichts geworden, schreibt Jean Paul Getty in seinen Memoiren. Das Gefühl, kein Geld zu besitzen, habe ihn so geärgert und gequält, dass er seinen ganzen Einfallsreichtum mobilisierte. Und dann ging's auf einmal. Was wurde aus ihm? Ein Multimilliardär. Das müssen Sie nicht unbedingt werden. Aber Sie wollen sich frei fühlen. Sie wollen, dass die Energie fließt.  Geld ist nur ein Ausdruck dieser Energie. Und die drei anderen Bärchen zeigen, Sie haben die besten Voraussetzungen dafür. Rot heißt: Sie haben die Antriebskraft. Sie sind bereit, selbst was zu tun. Grün: Sie sind bereit aufzuräumen. Die unsortierten Papiere

zu ordnen. Ausmisten. Die aufgeschobenen Angelegenheiten zu erledigen. Diese Rot-Grün-Kombination bringt
die Energie in Fluss. Aber Sie haben auch noch Weiß gezogen. Und das heißt: Sie werden sich über Ihre Wünsche
klar. Sie verabschieden die Wünsche, die Ihnen andere
eingeredet haben. Und erfüllen sich Ihre ureigenen. Wer
sagt: Das kann ich mir nicht leisten, denkt insgeheim:
Das bin ich mir nicht wert. Sie haben Ihren Wert lange
heruntergespielt. Das ist vorbei. Sie fangen gerade mal
an, Ihren Wert zu ahnen.

Begrenzung · Aufbruch · Freude

Rot	Gelb	Weiß	Grün	Orange
1	2	1	–	1

Alle Schotten dicht? Brustpanzer angelegt? Visier runter-
geklappt? Ja, Sie haben sich ganz schön eingebunkert. Es
ist, als seien Sie in eine alte Rüstung gestiegen. Die gibt
Ihnen zwar ein Gefühl der Sicherheit. Aber vor allem
lähmt sie Ihre Bewegungsmöglichkeiten. Zweimal Gelb
heißt nämlich: Hier hat jemand eine Blockade. Eine

selbst geschaffene. Hier hat sich jemand
Grenzen auferlegt. Und das sind Sie. Sie
leben nur einen kleinen Ausschnitt Ihrer
Möglichkeiten. Und ein weißes Bärchen
heißt: Dieser Einschränkung werden Sie
sich gerade erst bewusst. Häufig zeigt sich
so eine Blockade beim Umgang mit Geld. Sind Sie geizig? Oder vielleicht auf unberechenbare Art sparsam?
Und dann wieder heillos verschwenderisch? Ja, das sind
Sie. Weil Sie nicht im Fluss der Energie sind. Aber das
ändert sich jetzt. Das rote Bärchen heißt: Sie wollen aufbrechen. Und weiß bedeutet: Ihre Intuition sagt Ihnen
auch schon, wie und wohin. Sie ahnten es immer, jetzt
aber wird es Ihnen sonnenklar: Alles, was Ihre Energie
und Ihre Kreativität steigert, ob eine Person, ein Job, ein

Aufenthaltsort, das ist gut für Sie und lässt Geld und Freude zu Ihnen fließen. Daran erkennen Sie, wo Sie hinwollen und mit wem. Und Orange heißt: Ihre Kreativität kommt in Fluss, und Sie werden sie ausschöpfen. Und da so ein Fluss unerschöpflich ist, können Sie das unbegrenzt machen. Sie werden das tun, was Ihnen Freude macht. Und merken, wie Ihnen dabei Kraft zuwächst. Und wie Ihr Konto sich bläht. Was Sie mit der alten Rüstung machen sollen? Ab und zu mal wieder reinschlüpfen, um zu spüren, in welcher Enge Sie sich mal wohlfühlten.

Tatenlosigkeit · Ehrgeiz · Aufbruch

Rot	Gelb	Weiß	Grün	Orange
1	2	–	2	–

Sie wollen sich verändern. Sie wollen raus. Aus einer Wohnung. Oder einer Beziehung. Aus einer Stadt. Oder einem Job. Aber Sie haben es bisher nicht gepackt. Warum nicht? Nehmen wir das Beispiel Job. Sie wollen was anderes tun. Sie haben auch schon Anzeigen gelesen, spielen auch schon in Ihrer Fantasie durch, wie das wäre, wenn Sie woanders wären. Tun aber nichts. Das geht seit Monaten so, vielleicht gar seit Jahren.

Ach, sagen Sie, ich habe das Gefühl, jetzt ist noch nicht der richtige Zeitpunkt. Vorsicht! Es gibt Leute, die verbringen so ihr Leben. Die nie ihre Träume verwirklichen, weil sie nicht wagen, den ersten Schritt zu tun. Ihre Bärchenkombination ist eine Warnung: Zweimal Grün steht für Tatenlosigkeit und Stagnation. Zweimal Gelb für Ehrgeiz, der nicht fruchtbar wird, sondern sich in Neid und Starrsinn wandelt. Allerdings: Das wird bei Ihnen nicht so sein. Weil Sie einfach zu vital sind. Das rote Bärchen zeigt es. Da rumort eine Leidenschaft in Ihnen, die macht Dampf. Die setzt der Stagnation ein Ende. Ein rotes Bärchen bedeutet einen energischen Anschub. Sie werden etwas wagen. Was riskieren. Sie haben Lust, sich zu erproben. Und jetzt ist die Zeit, dieser Lust nachzugehen. Sie haben nichts zu verlieren als Ihre alte Haut. Merken Sie, wie Sie beginnen, sie abzustreifen? Und wie frisch Sie darunter aussehen? Wir sehen den Glanz sogar von Weitem.

Gier · Leichtsinn · Aufbruch

Rot	Gelb	Weiß	Grün	Orange
1	2	–	–	2

Eine Wahrsagerin würde Ihnen aus dieser Kombination eine Erbschaft voraussagen. Aber wir sagen Ihnen höchstens, dass Ihr Wunsch nach Geld und Glanz groß ist (zweimal Gelb), und dass Sie der Ansicht sind, beides müsste auf leichte Weise zu Ihnen kommen (zweimal Orange). Erben wäre da zwar passend. Aber haben Sie überhaupt einen Erbonkel oder eine Erbtante? Das rote Bärchen spricht für eine gewisse Aktivität. Aber zwei gelbe und zwei orange weisen eher auf eine unfreundliche Aktivität. Wenn es im Winter einen Eisregen gibt, dann

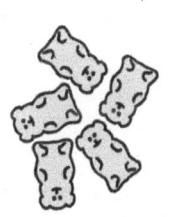

könnte Ihnen einfallen, dass Ihr klappriger Erbonkel viel zu selten spazieren geht. Und prompt rufen Sie ihn an und ermutigen ihn zum Ausgehen. Oder Sie bringen Ihrer Erbtante zum Geburtstag eine Kerze mit und stellen die neben ihr Bett. Und am nächsten Tag rufen Sie an und wundern sich, dass die alte Dame noch quietschfidel ist. Diese Bärchen weisen darauf hin, dass Sie erstens eine leicht spekulative Neigung haben. Das ist die Kehrseite Ihrer spielerischen Veranlagung (zweimal Orange). Und dass Sie zweitens gern

Scheuklappen tragen und gierig in eine Richtung starren. Das ist die Kehrseite Ihres Ehrgeizes (zweimal Gelb). Aber das rote Bärchen ist ein Signal dafür, dass Sie Ernst machen mit dem Umsetzen Ihrer Begabungen. Denn die haben Sie bei Weitem nicht ausgeschöpft. Und die sind Ihr eigentliches Erbe. Vielleicht haben Sie Lust, unser Erbonkel zu werden? Oder unsere großzügige Tante?

Einschränkung • Mut • Freude

Rot	Gelb	Weiß	Grün	Orange
1	2	–	1	1

Kann es sein, dass Sie manchmal schwarzsehen? Dass Sie glauben, Sie seien arm dran? Sie haben nämlich zwei gelbe Bärchen gezogen. Und das bedeutet Einschränkung der eigenen Möglichkeiten. Bedeutet, dass Sie sich selbst Fesseln anlegen. Dass Sie zu häufig Dinge tun oder mit Personen zusammen sind, die Ihre Kreativität blockieren, Ihre Energie absaugen oder lähmen. Häufig geht das mit Geldmangel einher, der nur Ausdruck Ihrer eigenen Wertschätzung ist. Die war bisher nämlich mangelhaft. Aber jetzt haben Sie ein paar Bärchen gezogen, die leuchtende Symbole des Wandels sind. Ein rotes: Sie kriegen einen Energiekick.  Sie werden das tun, was Ihnen Kraft bringt, werden zu den Leuten gehen, die Sie aufbauen, nicht zu denen, die Sie runterziehen. Ein grünes: Ihr Selbstvertrauen wächst. Weil Sie entdecken, was Sie besser können als andere. Weil Sie Ihre Arbeit nicht mehr billig weggeben. Sondern weil Sie für Ihre Leistung etwas verlangen. Ein oranges: Sie erkennen, dass die Freude Ihr Richtungsweiser ist. Freude ist eine Form der Energie. Geld ebenfalls.

Und Energie zieht Energie an. Also erfüllen Sie sich Ihre Wünsche. Geld ist keine lästige Notwendigkeit, sondern ein Freund. Wer Geld für etwas Verwerfliches hält, wird es verlieren. Wenn Sie Geld ausgeben, denken Sie also: Mein liebes Geld, ich gebe dich frei. Aber du weißt, du bist immer herzlich willkommen. Und natürlich kannst du alle deine Freunde mitbringen. – Die kommen glatt! Und wir auch.

Rot	Gelb	Weiß	Grün	Orange
1	1	3	–	–

Leute, die diese Kombination ziehen, sind mit einer gewissen Hellsichtigkeit begabt. Sie werden in nächster Zeit merken, wie Ihre Intuition sich verfeinert. Sie wissen, was jemand sagen wird, bevor er redet. Wer dran ist, wenn das Telefon klingelt. Tagsüber können Sie sich auf

Ihre innere Stimme verlassen, nachts auf Ihre Bilder. Sie träumen von jemandem, den Sie lange nicht gesehen haben; am nächsten Tag treffen Sie ihn. Träumen von einem unbekannten Gesicht und begegnen diesem Menschen ein paar Wochen

später. Legen Sie einfach mal Papier und Bleistift neben das Bett und nehmen sich beim Einschlafen vor, von der verlegten Uhr zu träumen. Vom zukünftigen Lover. Von der Lösung des Büroproblems. Nach dem Aufwachen alles aufschreiben, möglichst mit halb geschlossenen Augen. Anfangs sind die Bilder noch kraus. Bald träumen Sie glasklar die Antwort auf jede Frage. Und sehen im gleichen Maß auch tagsüber immer klarer. Was das soll? Das soll heißen, dass Sie einen Kanal haben zu einem Wissen, das sich weder in einer Werkstatt noch an einer Uni erwerben lässt. Ein Wissen, das viele sich wünschen und wenige bekommen. Das gelbe Bärchen weist Sie darauf hin, dass Sie mit diesem Wissen arbeiten sollen. Und das rote, dass Sie Ihre Intuition nicht nur für sich nutzen sollen – dann versiegt sie nämlich. Sondern auch zum Nutzen anderer. Nur die Voraussage der Lottozahlen, die klappt nicht. Falls doch: Rufen Sie uns an.

Rot	Gelb	Weiß	Grün	Orange
1	1	2	1	–

Woody Allen nahm sich einst ganz fest vor, nur noch Zeitungsartikel zu schreiben, statt Filme zu drehen. Der stolze Entschluss war aber bald vergessen, als den Meister ein lockender Auftrag aus Hollywood erreichte. Seinem gebrochenen Vorsatz verdanken wir fantastische Komödien. Der junge Thomas Alva Edison gelobte nach einer Explosion auf seinem Zimmer, keine Experimente mehr durchzuführen, sondern den Beruf des Bäckers zu erlernen. Ein halbes Jahr lang hielt er sich daran. Dann bastelte er aufs Neue. Seinem gebrochenen Gelübde verdanken wir die Glühbirne. Was das mit Ihnen zu tun hat? Nun, Sie sind ehrgeizig (Gelb), tatkräftig (Rot), aber Sie neigen dazu, fremden Vorstellungen zu folgen (zweimal Weiß). Sie nehmen sich immer wieder etwas vor, was Ihren eigentlichen Anlagen  gar nicht entspricht. Und staunen, wenn nicht viel dabei herauskommt. Kurz: Sie neigen dazu, Ihre Stärken zu unterschätzen. Und stattdessen Ihre Schwächen zu kultivieren. Schluss damit. Sie haben zur dynamischen Zasterkombination (rot-gelb) auch noch das grüne Bärchen des Selbstvertrauens gezogen. Und das heißt: Sie werden Ihre Stärken nicht länger verstecken. Sie werden sich das zutrauen, wozu Sie tatsächlich begabt sind. Und das ist das, wozu Sie schon immer Lust hatten, was Sie aber nicht zu tun wagten. Sie kommen zu sich selbst. Und wenn Ihnen das Spaß macht und Sie Grund zum Feiern sehen, dann kommen auch wir gern zu Ihnen.

Wunschdenken · Kreativität · Klärung

Rot	Gelb	Weiß	Grün	Orange
1	1	2	–	1

Sie haben das rote Bärchen der Aktivität und der Liebe, das orange der Heiterkeit und Kreativität, sogar noch das gelbe des Erfolges. Das ist gut. Und dennoch kann Ihnen etwas dazwischenfahren. Und zwar Ihr eigenes Wunschdenken. Das signalisieren die beiden weißen Bärchen. Eigentlich haben Sie es ja schon geahnt: Nicht, was Sie sich wünschen, trifft ein, sondern das, was Sie im Innersten  glauben. Wenn Sie glauben, dass Sie es nicht verdienen, achttausend Taler im Monat zu bekommen, können Sie sich eine Gehaltserhöhung noch so sehr wünschen, Sie kriegen sie nicht. Wenn Sie glauben, Sie seien nicht würdig, in einer schönen Umgebung zu wohnen, werden Sie das auch nie schaffen. Was Sie sich wünschen, wissen Sie ja noch einigermaßen. Aber was Sie im Innersten glauben, ist Ihnen kaum bewusst. Sie glauben vielleicht, dass Sie nicht völlig vertrauenswürdig sind, keine Verantwortung tragen können, nicht begehrenswert sind und so weiter. Sie tragen ein paar entmutigende Glaubenssätze mit sich herum, die wie die Programme auf einer Festplatte immer aufs

Neue abgespult werden, sobald Sie in eine kritische Situation kommen. Schade. Denn Ihre Begabungen liegen auf der Hand. Doch nur, was Sie über sich glauben, verwirklichen Sie auch. Und was Sie über sich glauben, spiegelt sich in dem, was Ihnen immer wieder passiert, in Ihren Sackgassen, Ihren Krisen, Ihren Beziehungen. Machen Sie sich Ihre abwertenden Glaubenssätze bewusst, und löschen Sie sie von der Festplatte. Sie brauchen sie nicht mehr. Das ist die Botschaft Ihrer Bärchen.

Nachgiebigkeit • Mut • Deutlichkeit

Rot	Gelb	Weiß	Grün	Orange
1	1	1	2	–

Zweimal Grün – das ist eine Schwäche, die nicht schlimm ist, aber die Ihnen langsam lästig wird. Sie kennen doch mindestens einen Freund, wenn der anruft, wissen Sie: Der will was. Dass man ihn zum Flughafen fährt. Dass man ihm Freunde vermittelt, die seine Karriere fördern. Er will die Skiausrüstung leihen. Oder gleich Geld. Und Sie mit Ihren zwei grünen Bärchen wissen nicht genau, wie Sie ablehnen sollen. Oder da ist diese Freundin, die hat keinen, mit  dem sie ausgehen kann, die will immer mit Ihnen mitkommen auf die Partys. Die will sich anhängen. Und Sie geben sich größte Mühe, Ausreden zu erfinden, angeblich, weil Sie sie nicht vor den Kopf stoßen wollen. In Wirklichkeit, weil Sie ein bisschen feige sind. Denn dieser Freundin ist mehr damit geholfen, wenn Sie klar und ehrlich sind. Aber Sie haben nicht gelernt, deutlich zu sein und Ihre Grenzen zu zeigen. Doch das ist Vergangenheit. Denn Sie haben eine wunderbare Kombination gezogen, mit der Sie diese ärgerliche Schwäche zurücklassen werden. Rot bedeutet: Sie kriegen einen kräftigen

Kick Mut und Zivilcourage. Sie entdecken Ihre Stärke und können es auch akzeptieren, wenn Sie abgelehnt werden. Gelb heißt: Sie sind in der Lage, klare Entscheidungen zu fällen. Und dazu zu stehen. Grenzen zu setzen, wo Sie Grenzen brauchen. Weiß schließlich heißt: Sie werden sich bei alledem auf Ihre Intuition verlassen können. Ihre innere Stimme war noch nie so deutlich zu vernehmen. Wollen Sie unser altes Auto kaufen?

Vielseitigkeit • Talent • Glück

Rot	Gelb	Weiß	Grün	Orange
1	1	1	1	1

Na? Haben Sie auch nicht geschummelt? Sie haben die unwahrscheinlichste Kombination gezogen: exakt ein Bärchen von jeder Farbe. Entweder also Sie sind ein Schlitzohr – oder ein Genie. Sie entscheiden sich für Genie? Na gut, dann müssen wir Sie ein bisschen bremsen. Sie haben die Anlagen dazu. Voll entwickelt haben Sie die noch nicht. Aber Ihre Talente und Begabungen ergänzen sich auf wunderbare Weise. Sie verfügen über einen klaren Geist und gute Intuition (weiß), dazu über Festigkeit und gesundes Selbstvertrauen (grün).

Sie sind kontaktbegabt und schöpferisch (orange), dazu zielstrebig und geschäftstüchtig (gelb). Schließlich haben Sie auch noch die Liebe und die Energie, all das zu Ihrem und zum Nutzen anderer anzuwenden (rot). Wir würden Ihnen gern ein bisschen am Zeug flicken. Aber Sie haben nun mal diese seltene Verbindung von Talenten, und Sie fangen jetzt an, die zum Blühen zu bringen, um alsbald die Früchte zu ernten – und hoffentlich zu verteilen. Im Grunde können wir uns nur hochachtungsvoll verbeugen und Beifall klatschen. Und ehrlicherweise müssen wir auch noch gestehen, dass Albert Einstein ebenfalls diese Kombination gezogen hat. Die Botschaft Ihrer Bärchen lautet: Sie sind ungewöhnlich vielseitig und harmonisch begabt, und wenn Sie diese Begabungen anwenden, werden Sie ein lebender Glücksfall. Wenn Sie nicht doch geschummelt haben.

Ausweichen · Festigkeit · Freude

Rot	Gelb	Weiß	Grün	Orange
1	1	1	–	2

Wenn an der Côte d'Azur zwei orange Bälle hochgezogen werden, heißt das: Es wird windig. Sie haben zwei orange Bärchen gezogen, und das heißt: Sie sind windig. Ein bisschen schlawinerhaft. Leichtfertig, saumselig, pflichtvergessen. Aber eins muss man Ihnen lassen: Auf Ihre Unzuverlässigkeit ist Verlass! Doch im Ernst: Sie haben eine Kombination gezogen, die nur Leuten zufällt, die der Verantwortung ausweichen. Die sich fürchten, beim Wort genommen zu werden. Weil sie ihre Worte nicht ernst meinen, sondern lieber ein bisschen schwindeln. Die sich lieber entziehen, weil sie argwöhnen, sie könnten einer ernsthaften Prüfung ohnehin nicht standhalten. Kennen Sie das? Klar kennen Sie das. Und Sie kennen auch die innere Unruhe, die damit einhergeht. Sie befürchten immer, wenn  andere wüssten, wie Sie wirklich sind, dann würden die Sie im Regen stehen lassen. Aber das ist nicht so. Im Gegenteil. So, wie Sie wirklich sind, sind Sie viel anziehender. Widersprüchlicher, aber auch vielfältiger. Nicht ganz so anständig, dafür von ungewöhnlicher Ausstrahlung. Und das rote Bärchen der Energie und des Aufbruchs deutet an, dass Sie bereits auf dem Weg sind. Zu Ihrer eigenen Wahrheit. Das weiße Bärchen der Intuition zeigt, dass Sie aus Ihrer Zerstreutheit zur Klarheit finden. Und das gelbe Bärchen der gelingenden Arbeit teilt schon mal mit, dass Sie damit Erfolg haben werden. Erfolg mit sich selbst. Mit der Kehrseite Ihres Wankelmuts: Ihrer Kreativität. Sie können Menschen begeistern. Freude bringen. Wenn Sie nur zu sich stehen. Und dann stehen wir auch zu Ihnen.

Selbsterkenntnis · Entwicklung · Sicherheit

Rot	Gelb	Weiß	Grün	Orange
1	1	–	3	–

Wer diese Kombination zieht, hat nicht nur viel erlebt. Er hat aus seinen Erfahrungen auch eine Menge gelernt. Sie haben eine Stufe erreicht, die beinahe Weisheit zu nennen ist. Es hat eine Zeit gegeben, da haben Sie mit dem Schicksal gehadert. Haben anderen Leuten die  Schuld gegeben, wenn Ihnen etwas misslang. Das ist vorbei. Sie haben erkannt: Alles, was Ihnen passiert, ist nur ein äußeres Zeichen Ihres Inneren. Die Menschen, die Ihnen begegnen, sind ein Spiegel für Sie. Und was Sie über andere sagen, sagen Sie im Grunde über sich selbst. Wenn Sie jemanden neidisch finden, ist das ein Zeichen dafür, dass Sie selbst eine gute Portion Neid in sich haben. Und Sie haben erkannt: Jede äußere Blockade ist nur die Widerspiegelung einer inneren Hemmung – ein Hinweis auf einen seelischen Mangel, auf etwas, das Sie klären und verändern müssen. Und das tun Sie. Sie arbeiten an sich. Das zeigt die Kombination aus dem roten Bärchen (Liebe und Aktivität) mit dem gelben Bärchen (Arbeit und Gelingen). Und die drei grünen Bärchen zeigen das Ver-

trauen an, das Sie in den Gang der Ereignisse haben dürfen. Die große Sicherheit, die in Ihnen ist. Die Ruhe.
Sie haben einen großartigen Weg vor sich. Wir würden
Ihnen ja gern noch etwas Freches sagen und Sie ein bisschen hochnehmen. Aber bei dieser Kombination ist das
schwierig. Oder kauen Sie sich gleich eine Plombe heraus, wenn Sie die Bärchen essen? Mal sehen. Denn was
immer Sie tun, es ist interessant.

Passivität · Entschiedenheit · Charme

Rot	Gelb	Weiß	Grün	Orange
1	1	–	2	1

Kann es sein, dass Sie sich manchmal ausgenutzt fühlen? Weil Sie anderen ungern etwas abschlagen? Weil Sie nun mal so gutmütig sind? Sie haben einer Freundin erzählt, dass Sie zum Möbelmarkt wollen, und nun fällt dieser Freundin ein, was sie alles von dort braucht.
Und Sie bringen ihr das mit, obwohl Ihr Kreuz schon jetzt wehtut. Sie machen es ungern, doch Sie machen es. Sie seufzen, und Sie knirschen mit den Zähnen, aber es ist nun mal so. Zwei grüne Bärchen. Das heißt Nachgiebigkeit. Mangel an Ent-
schlusskraft. Aber damit hat es nun ein Ende. Bislang haben Sie sich ausnutzen lassen, weil Sie damit Konflikten aus dem Wege gehen wollten. Weil Sie hofften, man hielte Sie dann für einen guten Menschen. Weil Sie sich selbst bemitleiden konnten. Weil Sie die Verantwortung auf andere schieben konnten, wenn Sie überlastet waren. Aber das ist vorüber. Das ist aus. Vergangenheit. Denn Sie haben eine wunderbare Kombination gezogen. Rot: Sie kriegen einen kräftigen Kick Mut und Zivilcourage. Sie haben gemerkt, dass Sie durch Selbstverleugnung

nicht beliebter werden. Jetzt haben Sie Lust, zu sich zu stehen. Weil dann auch andere zu Ihnen stehen. Gelb: Sie sind in der Lage, klare Entscheidungen zu fällen. Grenzen zu ziehen, wo Sie Grenzen brauchen. Damit man Sie für voll nimmt. Und Orange: Sie werden das alles auch noch auf heitere und charmante Weise tun können. Denn mit jedem Konflikt, den Sie sich zutrauen, wachsen Ihr Selbstvertrauen und Ihre Gelassenheit. Übrigens: Wir brauchen auch was vom Möbelmarkt. Na?

Unaufrichtigkeit · Aufbruch · Selbstvertrauen

Rot	Gelb	Weiß	Grün	Orange
1	1	–	1	2

Zwei orange Bärchen? Halten Sie sich fern von Bedui-
nen! Ach, Sie wollen gar nicht in die Sahara reisen? Aber
Sie sollen trotzdem erfahren, was es bedeutet, wenn ein
Beduine einem Kollegen zwei orange Kreise aufs Zelt
malt: Hier wohnt ein Schwindler. Einer, der es mit der
Wahrheit ziemlich ungenau nimmt. Der einem weisma-
chen will, dass es zwei Sonnen gibt, wenn jeder nur eine
sieht (daher die zwei orangen Kreise). Und Sie mit Ihren
zwei orangen Bärchen, Sie haben auch eine leichte Neigung zum Schummeln. Zum Flunkern. Sie meinen, das
bringe Ihnen Vorteile. Ist aber nicht so. Denn Sie be-

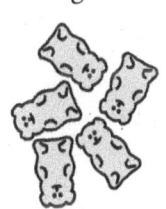

schwindeln vor allem sich selbst. Stellen
sich als jemand anderen dar als Sie sind.
Und das führt dazu, dass Sie eine gewisse
innere Unruhe nie loswerden. Sie befürchten immer, wenn die anderen wüssten, wie
Sie wirklich sind, dann würden die Sie im
Regen stehen lassen. Ist aber nicht so. Nein, so, wie Sie
wirklich sind, sind Sie viel interessanter. Widersprüchlicher, aber auch vielfältiger. Nicht ganz so anständig,
dafür von ungewöhnlicher Ausstrahlung. Und das rote

Bärchen der Energie und des Aufbruchs deutet an, dass Sie bereits auf dem Weg sind. Auf dem Weg zu sich. Das grüne Bärchen (Selbstvertrauen) zeigt, dass Sie sich selbst zu trauen beginnen, Ihren Eingebungen, Ihrem inneren Reichtum. Und das gelbe Bärchen der gelingenden Arbeit beweist, dass Sie damit Erfolg haben. Und wir freuen uns schon auf Ihren Erfindungsreichtum, Ihre Kreativität. Sie haben ein farbiges Leben vor sich!

Energie • Gewinn • Einfallsreichtum

Rot	Gelb	Weiß	Grün	Orange
1	1	–	–	3

Diese Bärchenkombination entspricht den Farben des begehrtesten Preises der New Yorker Madison Avenue. Denn mit einem gestreiften Band in den Farben Orange-Rot-Orange-Gelb-Orange sind in den USA von jeher die besten Werber und Kreativen ausgezeichnet worden. Na, und Sie sind ja sowieso ein kreatives Köpfchen! Diese Bärchen bedeuten: Sie können jetzt optimal Werbung machen. Für ein Produkt. Für eine Partei. Und natürlich für sich selbst. Sie haben  jede Menge originelle Einfälle. Und die können Sie auch darstellen. Sie können sich selbst darstellen. Sie haben nicht einfach nur Ideen (orange), sondern Sie haben dazu noch die Energie (rot), diese Ideen gewinnbringend (gelb) einzusetzen. Sie müssten jetzt eine eigene Show anleiern. In einem Fernsehquiz abräumen. Als Art Director, Texter, Grafiker bare Münze einsammeln. Und sogar wenn Sie kompromisslos Kunst machen, werden Sie nicht brotlos bleiben. Und wenn Sie sich nach Liebe sehnen? Dann waren Sie noch nie so gut in Sachen Liebeswerbung wie heute. Man lacht über Ihre Scherze. Findet

Sie mitreißend. Ja, Sie können sich jetzt optimal verkaufen. Und das, ohne irgendjemanden zu täuschen. Es sind nun mal eine Menge Qualitäten in Ihnen. Und die können Sie jetzt locker und unverkrampft zeigen. Ob Ihr Liebeswerben von Dauer bleibt, ist eine andere Frage. Sie sind jetzt mehr für prasselnde Feuerwerke gut als für beständige Wärme. Aber wir freuen uns auf Ihre Böller und Raketen.

Passivität · Verschmelzen · Aufbruch

Rot	Gelb	Weiß	Grün	Orange
1	–	**4**	–	–

Vier strahlende Fixsterne in der Nähe des Andromeda-Nebels bilden das Sternbild Pegasus. Es ist im Herbst am Himmel zu sehen. Aber es gab einen, der wollte es immer sehen: der russische Kosmonaut Grigorij Berdjajew. Im Jahre 1988 änderte dieser hochdekorierte Pilot eigenmächtig den Kurs seiner Raumkapsel. Statt zur Erde zurückzukehren, wandte er sich den vier weißen Sternen des Pegasus zu. Dorthin ließ er sich trei-

ben. Und verschwand auf immer im All. Was hat das mit Ihnen zu tun? Nun, Sie wären zu dieser kleinen Kursabweichung auch in der Lage. Auch bei Ihnen kommt es vor, dass etwas Sie so fasziniert, dass Sie darüber alles andere vergessen, sogar sich selbst. Dann möchten Sie aufgehen in einer Sache oder in einer Person, möchten mit ihr verschmelzen, vielleicht sogar in ihr verschwinden. Es mag Zufall sein, dass Berdjajew diese Sternengruppe wählte. Aber viermal Weiß heißt immer: Wunschbilder verdecken die Wirklichkeit. Illusionen übertönen die Wahrnehmung. Heißt sich verlieren im Labyrinth der Träume. In der Unermesslichkeit des Alls. Aber Sie haben noch ein rotes Bärchen gezogen! Und das heißt: Sie lassen sich nicht länger treiben. Sie handeln! Sie lassen sich nicht länger von anderen bestimmen. Sie bestimmen selbst! Die Energie dafür fließt Ihnen zu. Spätestens ab jetzt. Es ist Lebensenergie. Liebesenergie. Die Energie des Aufbruchs und des Neuanfangs. Sie kriegen so viel davon, dass Sie glatt einen Kosmonauten aus dem All zurückholen könnten. Aber lassen Sie ihn. Er ist glücklicher dort. Und Sie haben alles und noch mehr, um hier glücklich zu werden.

Klarheit • Hellsichtigkeit • Kraft

Rot	Gelb	Weiß	Grün	Orange
1	–	3	1	–

Drei weiße Bärchen, das spricht für eine ungewöhnliche Klarheit der Empfindungen. Sie nehmen mehr wahr als andere. Spüren Trends früher. Ahnen Dinge, die Sie eigentlich nicht wissen können. Sie kennen das bestimmt: Sie haben an jemanden gedacht, schon klingelt das Telefon – er ist dran. Oder Sie haben eine Idee, und fast im selben Augenblick spricht jemand anderes sie aus. Das sind kleine Kostproben Ihrer Hellsichtigkeit. Und weil Sie das rote Bärchen der Aktivität gezogen haben und das grüne der Selbstdisziplin, sind Sie berufen, aus dieser Begabung etwas zu machen. Durch spielerisches Üben. Zum Beispiel so: Sie verlassen den Raum, die anderen konzentrieren sich auf ein Thema und unterhalten sich flüsternd darüber.

Sie versuchen von draußen, sich in den Raum hineinzudenken; wenn Sie das Thema erfasst haben, klopfen Sie, treten ein und nennen es. Weil Sie die Begabung haben, klappt das mit der Zeit immer besser. Oder jemand gibt Ihnen einen Gegenstand, der ihm besonders wichtig ist (einen Ring, einen Stein, eine getrocknete Blume). Mit geschlossenen Augen versuchen Sie, die Energie des Gegenstandes aufzunehmen, bis vor Ihrem inneren Auge Bilder aufsteigen. Sie beschreiben diese Bilder – und der, dem der Gegenstand gehört, wird sich wundern, wie viel Sie von ihm wissen. Mit dieser ungewöhnlichen Fähigkeit können Sie anderen helfen, aber zunächst mal fördern Sie sich selbst. Je öfter Sie Ihrer Intuition folgen, desto klarer wird Ihr Wahrnehmungsvermögen. Sie können Ihrer inneren Stimme und Ihrer geistigen Führung vertrauen. Und der Weg wird sich vor Ihnen ebnen.

Klarheit • Energie • Kreativität

Rot	Gelb	Weiß	Grün	Orange
1	–	3	–	1

Schwer zu glauben, aber Sie sind offenbar einigermaßen klar im Kopf. Das sagt jedenfalls die Bärchenkombination. Eine heitere Weltsicht (Orange) nebst liebevoller Energie (Rot), kombiniert mit hohem Bewusstsein

(dreimal Weiß). Leute, die solche Bärchen ziehen, sind auf dem besten Wege in die vollkommene geistige Freiheit. Das ist an einem Traum zu erkennen, den Leute wie Sie gelegentlich haben: Da schweben Sie über Ihrem Bett und sehen Ihren Körper von oben. Oder Sie gleiten, fliegen. Wohin Sie wollen. Und fühlen sich wohl dabei. Unter Ihnen fantastische Landschaften. Über Ihnen ein Himmel aus Gold. Im Schlaf löst sich der Geist vom Körper. Das Bewusstsein tritt aus, bleibt mit dem Körper durch einen Energiestrom verbunden, kann sich jedoch frei bewegen. Nur wenige haben den Blick von oben auf den unbewegten Körper, oft verbunden mit dem Gefühl vollkommener Freiheit. Zu dieser Elite gehören Sie. Was bedeutet das für Ihr Leben? Dass Sie jetzt ziemlich viel Verantwortung haben. Weil Sie mehr wahrnehmen als andere. Weil Sie

Probleme klarer sehen. Sie können es sich leisten, ehrlich zu sein, wo andere aus Furcht ausweichen. Deutlich zu sein, wo andere sich verstellen. Es geht nicht darum, dass Sie anderen Leuten am Zeug flicken, sondern selbst die Geradlinigkeit und liebevolle Sensibilität leben, zu der Sie begabt sind. Das reicht vollkommen. Damit tun Sie viel für sich und für alle anderen.

Empfindlichkeit · Abwarten · Aktivität

Rot	Gelb	Weiß	Grün	Orange
1	–	2	2	–

Oh, was für eine empfindsame Seele Sie haben! So unschuldig! So unbefleckt! Stimmt nicht? Nein, nicht ganz. Aber Sie haben eine sanfte Seele. Sie sind zartbesaitet. Dünnhäutig. Sonst hätten Sie andere Bärchen gezogen. Weiß und Grün sind seit dem späten Mittelalter die Farben der Jungfräulichkeit. Wenn auf alten Gemälden eine unberührte Frau auftritt, dann ist meist eine Lilie nicht weit, mit grünem Stängel, weißer Blüte: dem Symbol der Reinheit. Sie haben diese Kombination doppelt gezogen. Und das heißt: Sie neigen zur Überempfindlichkeit. Zum Purismus. Dazu, anderen mit Ihrer Feinsinnigkeit auf den Keks zu gehen. Weil sich darin zugleich Passivität verbirgt. Sie glauben, man verletzt Sie. Aber die Wahrheit ist: Sie lassen sich verletzen. Sie glauben, man täuscht Sie. Stimmt zuweilen. Aber nur, weil Sie sich täuschen lassen. Die Kehrseite der Jungfräulichkeit ist nämlich die abwartende Haltung. Eine Jungfrau wartet darauf, dass jemand kommt und sie, nun ja, verwandelt. Manchmal wartet sie ein Leben lang. Aber nicht Sie. Das rote Bärchen

zeigt: Sie fangen an zu handeln. Sie haben gemerkt: Die beste Verteidigung Ihrer empfindsamen Seele ist Tätigkeit. Durch Aktivität können Sie Ihren inneren Reichtum nach außen bringen. Indem Sie lieben, gewinnen Sie Liebe. Aber das ist fast schon zu feierlich. Also: Runter vom Schnarchsack! Wir wollen Action sehen. Okay, sieht schon ganz gut aus! Beifall! Applaus!

Selbsttäuschung • Aufbruch • Leichtigkeit

Rot	Gelb	Weiß	Grün	Orange
1	–	2	1	1

Zwei weiße Bärchen in dieser Runde? Das kann nur bedeuten: Sie täuschen sich. Über sich selbst. Wie? Zum Beispiel so: Eine Ihrer Freundinnen, durchaus nicht die beste, ruft an und stöhnt, weil sie am Wochenende ihre Wohnung streichen will. Eigentlich hatten Sie sich auf entspannte Tage gefreut. Trotzdem gehen Sie zu ihr und helfen. Vielleicht sind es auch Ihre Eltern, die Sie viel öfter besuchen, als Sie Lust haben. Weil Sie glauben, Sie schulden den anderen etwas. Aber Sie schulden nur sich selbst etwas: Dass Sie Ihre Anlagen und Fähigkeiten entfalten. Wenn Sie das tun, dann haben auch alle anderen etwas davon. Und genau das machen Sie

jetzt. Sie haben das rote Bärchen gezogen, das Ihnen einen fröhlichen Energiekick verspricht. Sie haben das grüne Bärchen des Selbstvertrauens gezogen. Was unter anderem heißt: Sie werden sich nicht verleugnen. Sie wissen ja: Nur wer sich selbst verleugnet, wird auch belogen, wird unterdrückt. Damit ist Schluss. Denn schließlich haben Sie das orange Bärchen der spielerischen Heiterkeit und der Kreativität gezogen. Das

Bärchen der Neuigkeiten, der Leichtigkeit, der Kontakte. Und all das verspricht eine sprudelnde Erfrischungskur. Ohne dass Sie dafür bezahlen müssen. Sie brauchen lediglich aufzuhören, anderen gefällig zu sein – gegen Ihr eigenes Gefühl. Und Sie werden damit aufhören. Also rufen Sie uns schnell an! Damit Sie vorher noch unsere Wohnung renovieren können!

Oberflächlichkeit · Wünsche · Durchsetzung

Rot	Gelb	Weiß	Grün	Orange
1	–	2	–	2

Wir kennen Sie. Von dieser Feier oder Party, na, Sie erinnern sich schon. Da haben wir Sie erlebt. Reizend, ganz reizend. Nur hatten wir den Eindruck, Sie kommen zu Hause nicht genug zu Wort. Und hier hatten Sie mal die Gelegenheit dazu. Da sind Sie ziemlich ausführlich geworden. Haben in Erinnerungen herumgestochert, nach Worten gesucht, sind aus dem Konzept gekommen und wollten trotzdem weiterreden, weil Sie nun gerade mal dran waren. Doch,  das waren Sie. Das sind Sie. Zwei weiße, zwei orange Bärchen: Das zeigt die Schwierigkeit an, Ordnung in die Gedanken zu kriegen, und zugleich das Bedürfnis, wichtig zu sein. Ist ja verständlich! Aber Sie wollen Ihre Wichtigkeit auch noch durch Leiden beweisen. Sie erzählen ausgiebig, was Ihnen heute wieder dazwischengekommen ist, wie dumm oder rücksichtslos andere sind, und was Sie ausbügeln müssen, weil andere es vergeigt haben. Ehrlich gesagt, sich zu beschweren, das haben Sie nicht nötig. Außerdem, das rote Bärchen zeigt es an, haben Sie das richtige Maß an Energie und Durchsetzungskraft. Gerade jetzt kommt etwas in Bewegung bei Ihnen. Sie werden aktiv. Sie verwenden weniger Zeit und Kraft darauf, andere zu beeindrucken. Weil Sie geschnallt haben, dass es darauf nicht ankommt. Und wenn Sie auf irgendeiner Party mal nicht zu Wort kommen, weil vielleicht wir gerade herumlabern, ist das kein Beinbruch. Sie haben eine gute Ausstrahlung noch im Schweigen.

Erkenntnis · Klarheit · Entwicklung

Rot	Gelb	Weiß	Grün	Orange
1	–	1	3	–

So jung und schon so klug? Diese Kombination bekommen nur Menschen, die nicht nur eine Menge erlebt haben, sondern aus ihren Erfahrungen klug geworden sind. Die gemerkt haben, dass es keinen Zufall gibt. Und Sie haben das gemerkt. Dass Sie mit gewissen Menschen zusammengetroffen sind, ist kein Zufall. Dass Sie diese

Kombination gezogen haben, ist kein Zufall. Das Ereignis erscheint erst, wenn du bereit dafür bist, sprach der weise Buddha. Und der Seelenforscher C. G. Jung fand heraus: Was einem Menschen widerfährt, und wann es ihm widerfährt, ist charakteristisch für ihn. Hinter jedem Zufall verbirgt sich der geheime Wunsch oder wenigstens die Bereitschaft, dieses Ereignis auf sich zu ziehen. Bei angenehmen Zufällen sind wir ohne Weiteres bereit, sie mit unserer Veranlagung in Verbindung zu bringen. Bei Pech und Unglück sehen wir den Zusammenhang weniger gern. Aber Sie haben gemerkt: Auch unangenehme Ereignisse sind kein Zufall. Alles, was uns passiert, hat einen Sinn. Wir sind selbst verantwortlich für das, was uns passiert und was wir daraus machen. Ärger bietet Lernchancen. Herausforderung macht Spaß. Das haben Sie erkannt. Sie haben das weiße Bärchen der Klarheit und der Erkenntnis und das rote Bärchen der Liebe und der Aktivität, dazu die drei grünen des Selbstvertrauens, der Festigkeit, der harmonischen Entwicklung. Wir ziehen unseren Hut vor Ihnen! Und bitten Sie, gelegentlich ein paar Almosen dareinzulegen. Falls sich unsere Wege mal kreuzen. Rein zufällig.

Nachgiebigkeit · Deutlichkeit · Charme

Rot	Gelb	Weiß	Grün	Orange
1	–	1	2	1

Haben Sie eine Nachbarin, der Sie immer was aus dem Supermarkt mitbringen sollen? Oder einen Chef, für den Sie Überstunden machen? Und den Sie dafür hassen? Oder haben Sie sich auf irgendeinen Posten hieven lassen, den Sie gar nicht wollten? Irgendwas von dieser Sorte haben Sie. Weil zwei grüne Bärchen bedeuten: Sie sagen häufig Ja, obwohl Sie eigentlich Nein meinen. Es fällt Ihnen schwer, eine Gefälligkeit abzulehnen, die eigentlich eine Zumutung ist. Und Sie trösten sich damit, dass Sie liebenswürdig und hilfsbereit sind. Während Sie insgeheim mit den Leuten hadern. So. Damit ist jetzt Schluss. Der Wunsch, dass alle Sie mögen, führt lediglich dazu, dass niemand Sie respektiert. Und Sie haben schon gemerkt, dass Sie auf die Tour kein Selbstwertgefühl entwickeln, keine Ausstrahlung, keine Persönlichkeit. Aber nun haben Sie eine wun-  dertätige Kombination gezogen. Rot ist das Coming-out Ihres Mutes und Ihrer Zivilcourage. Sie setzen Grenzen. Sie wagen, Nein zu sagen. Am Telefon. An der Haustür. Im Schuhgeschäft, nachdem der Verkäufer sich eine

Stunde lang bemüht hat. Weiß: Sie werden sich dabei auf Ihre Intuition verlassen können. Ihre innere Stimme wird immer deutlicher vernehmbar. Und Orange: Sie werden das alles auch noch auf heitere und charmante Weise tun können. Ohne sich für Ihre Absage zu rechtfertigen. Ach, übrigens, da Sie so charmant sind: Können Sie uns mal anrufen? Wir wollen Sie nur um eine Gefälligkeit bitten.

Rot	Gelb	Weiß	Grün	Orange
1	–	1	1	2

Na, ein bisschen überreizt? Nervöse Spannung und innere Unruhe gehören zu Ihren hervorstechenden Eigenschaften. Sonst hätten Sie diese Kombination nicht gezogen. Zweimal Orange in dieser Verbindung ziehen nur Leute, die sich gern ablenken. Die sich etwas vor-

machen lassen. Vielleicht vom Fernsehen, von Zeitschriften, vom Internet. Sie wissen schon, wie Sie sich zerstreuen. Und Sie wissen insgeheim (das zeigt das weiße Bärchen der Intuition), dass Sie viel Zeit vergeuden. Lebenszeit. Beispiel Fernsehen.

Okay, es gibt mal einen guten Film. Aber schalten Sie erst ein, wenn der Film beginnt? Und schalten Sie ab, wenn er zu Ende ist? Nein, Sie fangen an herumzuzappen. Machen Sie doch mal kurz aus, um herauszufinden, was jetzt Ihr eigentliches Bedürfnis ist. Und schreiben Sie ruhig mal auf, was die Glotze Ihnen bieten soll. Werfen Sie gelegentlich einen Blick auf den Zettel; dann verringert sich Ihr Flimmerbedarf von allein. Das gilt für jede Art der Zerstreuung. Lassen Sie sich von anderen nichts vorleben. Schon gar nicht bei Ihren Begabungen. Sie haben das grüne Bärchen der Ordnung und des Selbstvertrauens gezogen. Dazu das weiße Bärchen der Klarheit und der Intuition. Das heißt: Sie werden ausmisten. Werden Unerledigtes erledigen, Unabgeschlossenes abschließen, Ungeklärtes klären. Und das rote Bärchen zeigt schon den Energieschub an, den Sie dadurch erhalten. Die Aufbruchsstimmung, die Sie ergreift. Ja, Sie werden endlich Ihre eigene schöpferische Energie, Ihre heitere Kreativität nach außen tragen. Es wird richtig lustig mit Ihnen!

Energie · Sensibilität · Einfallsreichtum

Rot	Gelb	Weiß	Grün	Orange
1	–	1	–	3

Waren Sie schon mal in Marokko? Dann wissen Sie auch, was es bedeutet, wenn dort eine Frau ihrem Mann abends drei Orangen serviert. Richtig: Er soll sich was Neues einfallen lassen. Und wofür? Na ja, nicht fürs Kaffeekochen! Auch nicht fürs Teppichknüpfen. Sondern nachts. Alles klar? Dreimal Orange heißt nämlich: Kreativität. Spiel. Ideenreichtum. Und genau das haben Sie jetzt gezogen. Und dazu noch ein rotes und ein weißes Bärchen. Eine glückliche Kombination! Ihnen wird also was einfallen, eine Menge sogar, das ist garantiert. Sie können zum Beispiel sofort eine marokkanische Nacht anzetteln. Ihr rotes

Bärchen steht immerhin für Liebe, Sex, Aktivität. Und Ihr weißes für Intuition, Sensibilität, Träume. Sie werden mit dieser Kombination nicht die leidenschaftlichsten Nächte Ihres Daseins erleben. Aber die originellsten. Die leichtesten. Aber vielleicht sind Sie auf Liebe im Augenblick gar nicht so scharf? Dann können Sie sicher sein: Sie werden Ihre enorme Kreativität (Orange) mit Intuition (Weiß) und Energie (Rot) umsetzen. Es wird Sie interessieren, dass auf der letzten Erfindermesse in Basel genau diese Bärchenkombination ungewöhnlich oft gezogen wurde. Und das gerade von den erfolgreichsten Erfindern. Aber Sie müssen jetzt keine neue Maschine zum Gemüsezerkleinern oder Hundeverjagen konstruieren. Ihre Fantasie können Sie ebenso für Ihre künstlerische Begabung nutzen. Oder für die Neufassung Ihrer Beziehung. Gerade die Kombination von Einfallsreichtum mit Sensibilität und Liebesfähigkeit kann Ihnen da eine glückliche Wendung bringen.

Trägheit · Stagnation · Energieschub

Rot	Gelb	Weiß	Grün	Orange
1	–	–	4	–

Gut, dass Sie ein rotes Bärchen gezogen haben. Denn viermal Grün ohne so einen energischen, kleinen Kick an Lebensfreude, das wäre ja trist gewesen. Zum Einschlafen. Haben Sie von Franz Mesmer gehört? Dem größten Hypnotiseur aller Zeiten? Dann wissen Sie auch, was er seinen Klienten suggerierte, damit sie in Tiefschlaf verfielen: grüne Farbflecke. Und zwar nicht drei, auch nicht fünf, da wurden die Leute noch kribbelig. Aber bei viermal Grün, da schliefen sie ein. Und so ist das auch bei Ihnen. Sie befinden sich in einem Zustand des Tiefschlafs. Das wollen Ihnen die Bärchen sagen. Sie sind

nicht wach. Sie befinden sich in einem Zustand der Stagnation. Aber keine Sorge, es kommt Bewegung in Ihren Sumpf. Wie? Sie wollen uns einreden, Sie seien durchaus tätig? Scheinbar vielleicht. Aber in Ihnen drin gähnt die Leere. Was Sie an der Oberfläche abfackeln, das sind Ablenkungsmanöver. Sorry, bei Ihnen ist Langeweile angesagt. Stagnation. Oder, zum Glück, das war so. Jetzt leuchtet ein Licht am Ende des Tunnels. Jetzt kommt eine neue Farbe in Ihr

Einerlei. Denn Rot, das bedeutet: Aufbruch. Action. Es geht los. Mit der Liebe. Mit der Freude. Mit der Energie. Und zwar von Grund auf beginnt etwas Neues. Etwas Prickelndes. Verheißungsvolles. Dass Sie nur ein einziges rotes Bärchen gezogen haben, heißt zwar: Sie müssen auch selbst was dafür tun. Aber bei den Chancen, die sich demnächst auftun, werden Sie schwerlich in Ihrem Schnarchsessel sitzen bleiben!

Verantwortung · Kreativität · Weisheit

Rot	Gelb	Weiß	Grün	Orange
1	–	–	3	1

Alle Achtung. Sie haben viel erlebt, und Sie sind sogar klug daraus geworden. Die Bärchen zeigen: Es gab eine Zeit, in der haben Sie gern die Rolle des Opfers gespielt. Ein Stau war schuld, wenn Sie zu spät kamen. Ihren Eltern lasteten Sie an, wenn Sie unter Hemmungen litten. Sie fühlten sich als Opfer des Wetters, der Umstände, der Planeten, der Erziehung, des Partners und fühlten sich nicht verantwortlich für das, was Ihnen geschah. Doch inzwischen haben Sie gemerkt: Eine Wendung zum Besseren kann es nur geben, wenn Sie sich nicht nur zuständig fühlen für das, was Sie tun, sondern ebenso für das, was Ihnen getan wird. Alles, was Ihnen passiert, hat einen Sinn. Wenn Sie bestohlen werden, hat das etwas mit Ihrem Mangel an Abgrenzung zu tun. Wenn Sie von jemand  anderem unterdrückt werden, haben Sie sich vorher bereits selbst unterdrückt. Wenn andere Sie betrügen, haben Sie innerlich sich selbst betrogen. Niemand ist ein Opfer. Das, was andere einem tun, hat man innerlich sich selbst angetan. Sie haben das erkannt. Und Konsequenzen daraus gezogen. Sie arbeiten an sich. Das zeigt das rote Bärchen der Liebe und der Aktivität zusammen mit dem orangen Bärchen des kreativen Arbeitens. Und die drei grünen zeigen das Vertrauen an, das Sie in den Gang der Ereignisse haben dürfen. Die große Sicherheit, die in Ihnen ist. Die Güte. Die Ruhe. Sie haben sich bereits weit entwickelt. Und einen großartigen Weg vor sich. Und wenn kümmerliche Gestalten wie wir mal am Wegrand stehen, dann haben Sie doch bitte ein gütiges Wort für uns und ein paar Almosen!

Oberflächlichkeit · Schwäche · Mut

Rot	Gelb	Weiß	Grün	Orange
1	–	–	2	2

Zweimal Orange bedeutet: Sie versuchen, sich mit Oberflächlichkeiten durchzumogeln. Und zweimal Grün heißt faule Kompromisse. Wie das zusammengeht? Zum Beispiel so: Das Telefon klingelt. Sie heben ab und zu-

cken zusammen. Denn da meldet sich Ihre drittbeste Freundin. Das ist die, von der Sie immer nur jede Menge Downs, Durchhänger und Depressionen serviert bekommen. Weil diese Frau dauernd Probleme hat, sagen wir mal, mit Männern. Irgendwie lernt sie immer die falschen kennen. Ausnutzer, Fieslinge, Grobiane. Und Sie sind die oder der Auserwählte, der sich diese Katastrophen regelmäßig anhören muss. Irgendwann war das noch interessant. Damals hatten Sie Mitleid und haben versucht, Rat zu geben. Aber die ewige Wiederholung nervt. Das nölige Gejammer zieht Sie runter. Dennoch hören Sie zu, immerhin ist es Ihre Freundin. Was sollen Sie sonst machen? Etwa Klartext reden? Bisher hatten Sie nicht den Mut dazu. Doch jetzt haben Sie ein rotes Bärchen gezogen. Und das bedeutet: Courage. Bedeutet, Sie sind beherzt genug, Leuten, die

Sie negativ finden, eine Grenze zu zeigen. Beispiel: Hör mal, allmählich kenne ich dieses Problem, und du musst mal überlegen, was du selber dran ändern kannst, ich möchte jedenfalls nichts mehr damit zu tun haben! Die Freundin wären Sie erst mal los. Aber erstens wollen Sie das vielleicht, und zweitens können Sie es auch akzeptieren, dass man Sie ablehnt. Doch das rote Bärchen zeigt noch mehr: Sie sind stark genug, um andere aufzubauen. Durch Entschiedenheit. Indem Sie selber mutig sind, ermutigen Sie auch andere.

Kreativität · Verlässlichkeit · Liebe

Rot	Gelb	Weiß	Grün	Orange
1	–	–	1	3

Atlanta, Georgia, im Jahre 1932. Eine junge Frau betritt den elegantesten Parfümladen der Stadt. Sie verlangt den Eigentümer. Sie sagt: Mischen Sie mir den Duft des Südens. Der Mann nimmt den holzig frischen Duft der Pinien. Den süßen der Rose. Und den herben der Orange. Er mischt. Er lässt die junge Frau schnuppern. Sie sagt: Mehr Orange. Er gehorcht. Wieder die Probe. Und sie sagt: Noch einmal Orange! Dann ist sie zufrieden. Sie nimmt diesen Duft mit nach Hause. Drei Teile Orange, ein Teil rote Rose, ein Teil grüne Pinie. Sie trägt ihn jeden Tag. Denn sie braucht ihn. Zur Inspiration. Ihr Name: Margaret Mitchell. Der Titel des Romans, den sie mit diesem Duft schreibt: Vom Winde verweht. Auch Sie

haben diese Kombination: Rot für die Energie und die Liebe, Grün für Beständigkeit, dreimal Orange für Einfälle, Reisen, Kreativität. Es ist eine ideale Kombination zum Schreiben von Liebesromanen. Dazu nämlich reichen nicht Einfälle und Energie, dazu braucht es beständiges Weiterarbeiten, Tag für Tag. Sie wollen keinen

Roman schreiben? Sie können den produktiven Schub, den die Bärchen ankündigen, auch anders nutzen. Sie können Ihre Ideen in Arbeit umsetzen, in ein Projekt, das Ihnen am Herzen liegt. Dieses Projekt kann sogar Ihre Beziehung sein. In allem, was Sie jetzt anfangen, werden Sie von schöpferischer Fantasie beflügelt. Und das Beste: Dieses Coming-out Ihrer Originalität ist kein Kurzbrenner. Keine schnell platzende Seifenblase. Denn Grün steht für Verlässlichkeit. Für geordnetes Vorgehen. Für Treue. Wer Sie als Liebhaber gewinnt, hat Glück. Und das sogar für eine ganze Weile.

Zweifel · Unzufriedenheit · Aufbruch

Rot	Gelb	Weiß	Grün	Orange
1	–	–	–	4

Sie wollen Ihr Leben ändern. So wie Sie jetzt leben, das reicht Ihnen nicht mehr. Zu oft haben Sie gedacht: Bei mir ereignet sich nichts. Und: Eigentlich bin ich ganz anders, aber ich komme nicht dazu. Lange genug haben Sie andere Leute um deren Glück beneidet. Wollen Sie noch weiter darauf warten, dass das Schicksal Ihnen einen Wink gibt? Diese seltene Bärchenkombination ist der Wink. Wollen Sie sich ewig damit herausreden, dass Sie sich unter anderen Umständen ganz anders entwickelt hätten? In den Müll mit der faulen Entschuldigung. Sie selbst schaffen die Umstände. Wollen Sie immer

noch behaupten, Sie würden gern runterkommen von dieser Schiene, aber der Zug sei abgefahren? Sie haben die vier orangen Bärchen der Oberflächlichkeit, des Zweifels und des Selbstbetrugs gezogen. Und das rote Bärchen der Energie und des Aufbruchs. Es gibt noch ein paar ungeklärte Beziehungen, die Ihrem Abflug im Wege stehen. Ein paar unerledigte Angelegenheiten und hinausgeschobene Entscheidungen. Aber die werden Sie klären. Denn Sie haben alles

151

in sich, was Sie zu Ihrem Glück brauchen. Und hinter jeder Ihrer Schwächen steckt eine Stärke. Sie haben endlich gemerkt, dass alles, was Ihnen passiert, einen Sinn hat. Dass Frust Lernchancen bietet. Dass Herausforderung Spaß macht. Und dass Sie selbst total verantwortlich sind für das, was Ihnen passiert. Es geht los! Und es wird spannend! Sie sind ein Thriller!

Geld · Begabung · Karriere

Rot	Gelb	Weiß	Grün	Orange
–	**5**	–	–	–

Räumen Sie Keller und Dachboden leer, reißen Sie alle Fenster auf. Hoch die Tür, die Tore weit, Zaster kommt hereingeschneit! Geld, die fließende Energie, fließt endlich mal zu Ihnen. Und zwar massiv. Sie wissen vielleicht, dass John D. Rockefeller sich fünf Kanarienvögel hielt, gelbe natürlich, weil er sicher war, dass die ihm Glück brachten. Er wurde der reichste Mann Amerikas. Im alten China galten fünf gelbe Blüten als Symbol für Wohlstand. So ist das auch mit fünf gelben Bärchen. Nur: Das Geld fließt nicht zu Ihnen, weil Sie fünfmal Gelb gezogen haben. Sondern Sie haben fünfmal Gelb gezogen, weil Sie endlich offen sind für den Fluss des Geldes.  Sie sind bereit, reich zu werden. Bisher glaubten Sie nicht daran. Das ändert sich gerade. Ihnen wird klar, dass Sie selbst viel mehr wert sind, als Sie bisher gedacht haben. Und Sie haben nicht das Geringste dagegen, dass Ihr innerer Wert nun seine äußere Entsprechung findet. Denn fünf gelbe Bärchen bedeuten auch: Sie können jetzt mit Ihren Talenten wuchern. Ob Sie eine Doktorarbeit schreiben oder ein Haus bauen, ob

Sie einen Acker umpflügen oder einen Investmentfonds gründen wollen: Ihre Arbeit, Ihre Begabungen, Ihre Unternehmungen werden jetzt unterstützt wie nie zuvor. Sie können Karriere machen und goldene Dukaten einsacken. Aber Geld ist eine Energie, die im Fluss bleiben muss. Sie darf nicht nur zu Ihnen hinfließen. Sie müssen sie auch wieder wegfließen lassen. Wohin? Na, denken Sie mal an uns! Wir waren doch immer gute Freunde!

Geiz · Blockade · Befreiung

Rot	Gelb	Weiß	Grün	Orange
–	**4**	**1**	–	–

Vier gelbe Bärchen! Wissen Sie, was das heißt? Dass Sie
demnächst Ihre Liebsten mal ganz groß ausführen werden! Damit Ihr Geld endlich mal ins Fließen kommt.
Damit Ihre Energie sich nicht mehr so staut. Sie denken zu viel über Geld nach, und zwar auf eine Weise, die

Ihnen selbst Fesseln anlegt. Das heißt viermal Gelb. Vier gelbe Streifen zierten die
Rückenlehne des Arbeitssessels von Jean
Paul Getty. Sagt Ihnen was? Genau: Das
war der Ölmagnat, der die Kippen seiner
Gäste einsammeln und aus den Tabakres-
ten neue Zigaretten drehen ließ. Längst an Gicht ver-
dorrt der Mann. Aber merken Sie, dass Sie ihm irgendwie verwandt sind? Im Denken? Aber sicher. Viermal
Gelb bedeutet Blockade. Auf beruflicher, finanzieller,
energetischer Ebene. Und wer blockiert Sie eigentlich?
Sie selbst. Aber jetzt haben Sie noch ein weißes Bärchen
dazugezogen. Und das ist das Licht, das Ihnen aufgeht.
Das ist Ihre Fantasie. Ihre Intuition. Ihre Fähigkeit loszulassen. Ihre Begabung, jede Blockade, sogar Ihre eigene,
zu lösen. Das weiße Bärchen steht für Ihre Sehnsucht

nach vollkommener Freiheit. Eine Sehnsucht, die stärker ist als das, was hinter den Blockaden steckt – Furcht vor dem Neuen. Vor den Kommentaren der anderen. Das weiße Bärchen zeigt an: Sie streifen diese Furcht ab. Lösen sich aus der Erstarrung. Kommen raus aus sich. Und ein erster Schritt könnte sein, dass Sie mal einen ausgeben, und dass Sie sich das richtig was kosten lassen. Weil Sie was zu feiern haben. Und wir feiern mit!

Blockade · Geiz · Selbstvertrauen

Rot	Gelb	Weiß	Grün	Orange
–	4	–	1	–

Mensch! Sie kann man ja glatt von der Adressenliste streichen! Viermal Gelb heißt nämlich: Blockade. Sie richten
Mauern auf. Und fürchten sich davor, dass jemand rü-
berklettern könnte. Und wenn Sie sich wundern, dass beruflich bei Ihnen nichts läuft, dass Sie finanziell auf keinen grünen Zweig kommen, dass bei Ihrer Arbeit nichts
rauskommt, dann liegt das nicht an anderen, sondern
an Ihnen. Wissen Sie, wer vier gelbe Rosen als Wahrzeichen hatte? Ross Perot. Dieser texanische Öl-Tycoon, der
noch als Superreicher seine Hausangestellten aufforderte,
das Lametta von fortgeworfenen Tannenbäumen zu sammeln. Es wurde aufgebügelt für das kom-
mende Jahr. Und vier gelbe Tulpen hatte
stets Gerard Philips auf seinem Schreib-
tisch. Dieser holländische Glühbirnen-
Millionär. Der hatte in seinem Arbeitszimmer einen Schalter, mit dem er abends das
Licht im ganzen Haus abdrehte. Aus Sparsamkeit. Fühlen Sie sich diesen leicht angeknacksten Persönlichkei-
ten verwandt? Nein? Na, schön. Im Gegensatz zu denen
haben Sie ja auch noch die Farbe Grün gezogen. Grün

bedeutet: Sie kriegen einen sanften, aber kräftigen Schub Selbstvertrauen. Sie sorgen dafür, dass man sich auf Sie verlassen kann. Sie räumen in Ihren Kramschubladen auf und schmeißen weg, was Sie nicht mehr benötigen. Sie sorgen für Klarheit. Und schon werden Sie zugänglicher. Lockerer. Großzügiger. Sie merken, dass Sie etwas weggeben müssen, um etwas zu bekommen. Wir behalten Sie auf der Adressenliste! Wir streichen Ihren Namen sogar rot an! Lohnt sich ja richtig, Sie zu kennen!

Geiz • Verkniffenheit • Kreativität

Rot	Gelb	Weiß	Grün	Orange
–	4	–	–	1

Haben Sie von dem Schriftsteller Lothar Schöne gehört? Der ist reich. Aber er feiert Weihnachten stets mit Verspätung. Weil es nach den Feiertagen die Schokoladen-Weihnachtsmänner immer viel billiger gibt. Haben Sie  von Prince Charles gehört? Dann wissen Sie vielleicht, dass der beim Briefeschreiben die i-Punkte weglässt. Um Tinte zu sparen. Zur Zeit der Französischen Revolution lebte ein gewisser Romain de Castelbagnac. Der versuchte eines Tages, sich zu erhängen. Hätte er auch geschafft, wäre nicht zufällig sein Diener reingekommen. Der schnitt eilig das Seil durch und rettete seinem Herrn das Leben. Trotzdem entließ der den Diener ohne Abfindung. Weil der das nagelneue Seil durchgeschnitten hatte, statt den Knoten zu lösen. Nun war es nicht mehr zu gebrauchen! Sie lachen. Aber diese Leute sind Ihre Spiegelbilder. Denn Sie sind ebenfalls überaus sparsam. Genauer gesagt: geizig. Ja, Sie sind ein Pfennigfuchser ohnegleichen. Vier gelbe Bärchen, Mensch! Wenn Sie so weitermachen, kriegen Sie Gicht und Gallensteine! Jetzt fällt Ihnen die

Kinnlade runter, was? Gut. Das war beabsichtigt. Wir wollten Sie ein bisschen schocken. Das können Sie nämlich vertragen. Das tut Ihnen sogar gut. Weil Sie Humor haben. Witz. Geist. Weil Sie, das orange Bärchen zeigt es, im Grunde heiter und spielerisch sind. Weil Sie aber ein bisschen getreten werden müssen, um diese Eigenschaft nach außen zu kehren. Doch das tun Sie jetzt! Im Herzen sind Sie ein Komödiant. Und warten nur darauf, Ihre knickerige Sparsamkeit zu verabschieden. Und wir warten auch darauf! Also, nun machen Sie mal!

Ehrgeiz · Täuschung · Aufstieg

Rot	Gelb	Weiß	Grün	Orange
–	3	2	–	–

Sie haben die Lieblingsfarben des berühmten österreichischen Heimatkundlers Albert Spindler gezogen. Den kennen Sie nicht? Spindler betrieb ein kleines Museum im Ötztal. Dreimal Gelb: Er hatte etwas Geniales, genau wie Sie. Aber zweimal Weiß: Er nutzte sein Genie auch, um andere zum Narren zu halten. Wie Sie das auch mal tun. Am Ende seiner Tage packte er ein paar Gegenstände seines Museums zusammen: Pfeil und Bogen und ein Beil aus der Bronzezeit, 5000 Jahre alte Sandalen und Fetzen aus Leder. Angezogen  wie ein steinzeitlicher Jäger, stieg er zum Similaungletscher hinauf und legte sich an einer unzugänglichen Stelle zum Sterben. Das war 1976. Erst 15 Jahre später wurde die Leiche gefunden. Sie war unidentifizierbar und sah altertümlich aus. Nun kam Spindlers Sohn Konrad zum Zuge, ein Archäologe, den der Vater eingeweiht hatte. Der untersuchte den angeblich unbekannten Leichnam und verkündete, es handele sich um einen Menschen aus der Bronzezeit. Ötzi wurde weltberühmt. Würden auch Sie solche Umwege gehen, um zu Ruhm zu gelangen? Sie haben die Begabung. Doch Ihr Aufstieg verläuft geradliniger. Sie haben dreimal Gelb gezogen. Und das heißt: Sie kennen zwar diese Lust am Spiel mit der Täuschung (zweimal Weiß). Aber Ihr Ehrgeiz, Ihr Fleiß, Ihre Entschlusskraft, Ihr Wunsch nach Klarheit sind stärker. Und Sie haben ein Händchen fürs Geld, das Umwege überflüssig macht. Sie werden zu Glanz kommen. Aber nicht als jemand anderes. Sondern als der, der Sie sind.

Schaffenskraft · Intuition · Vertrauen

Rot	Gelb	Weiß	Grün	Orange
–	3	1	1	–

Hehe! Bei Ihnen kommt was in Bewegung! Überraschend, was? Sie haben ein weißes Bärchen gezogen. Das bedeutet: Ihnen wird ein Licht aufgehen. Vielleicht sogar zwei. Jedenfalls wird es hell und klar bei Ihnen im Köpfchen. Ihr bedürftiges Gehirn bekommt Frischluft. Ihr Geist atmet durch. Das erstens. Und zweitens haben Sie ein grünes Bärchen gezogen. Das heißt: Sie bekommen

men Ruhe dazu und Zuversicht. Es wird Verlass auf Sie sein. Mal ganz was Neues, wie? Und jetzt kommt das Beste: Wir können Ihnen garantieren, dass aus Ihnen was wird! Weil Sie nicht nur geistesblitzartig Ideen und Ziele erträumen und sich damit zufriedengeben. Sondern weil Sie eine geballte Ladung Ehrgeiz und Durchsetzungskraft injiziert bekommen. Das genau bedeuten nämlich die drei gelben Bärchen! Diese Kraft kommt aus Ihnen selbst. Und war immer da. Aber erst jetzt kommt die voll zum Tragen. Weil Sie erst jetzt bereit sind, bei sich auszumisten und Plunder zu verabschieden und Ihrem Traum zu folgen. Ja, da kommt Ihr inneres Kraftwerk plötzlich auf Touren. Sie haben richtig Lust, ein paar Schweißtröpfchen zu vergießen. Weil Sie merken: Sie sind auf der Siegerstraße. Wenn Sie dem folgen, was in Ihnen angelegt ist. Das ist nämlich ganz schön vielversprechend. Und wir versprechen uns auch was davon. Weil Ihnen nämlich – dreimal Gelb! – materielle Werte zufließen werden. Und weil Sie ein sensibler (Weiß) und gütiger (Grün) Mensch sind. Verstehen Sie, worauf wir hinauswollen? Na, sehen Sie. Da ist Ihnen ja schon das erste Licht aufgegangen!

Glanz · Klarheit · Kontakte

Rot	Gelb	Weiß	Grün	Orange
–	3	1	–	1

Kennen Sie das bezaubernde Volk der Kanuri? Nein? Die Kanuri wohnen am Tschad-See. Und die haben einen originellen Brauch. Die bestimmen nämlich ihre Herrscher nach der Gunst eines Vogels, der so merkwürdig ist wie bei uns der Kuckuck. Dieser Vogel heißt Sef. Sein Federkleid ist fast vollkommen gelb. Nur die beiden Flügel sind von unterschiedlicher Farbe: Der eine ist weiß, der andere orange. Dieser eigenartige Vogel Sef kommt meist zu Anfang des Jah-

res ins Land. Und dann beobachten alle, wohin er fliegt. Erst sitzt er auf den Bäumen. Aber irgendwann landet er auf einem Dach. Und der Mann oder die Frau, auf deren Dach der Vogel Sef als Erstes landet, wird nun unter großem Jubel für ein Jahr zum Herrscher der Kanuri gekrönt. Was das mit Ihnen zu tun hat? Sie haben genau die Farbanteile des Vogels Sef gezogen! Und wenn Sie mit Ihren fünf Bärchen zu den Kanuri reisen würden, würde man Sie garantiert zum Herrscher krönen! Weil Sie die nötigen Eigenschaften haben. Denn Weiß bedeutet: Sie haben die geistige Klarheit. Orange: Sie können leicht Beziehungen knüpfen. Und der starke Gelbanteil weist auf Ihre enorme Arbeitsfähigkeit hin – und auf den Glanz und Wohlstand, den Sie sich damit erwerben. Bei den Kanuri würde Ihnen Ihr Volk die Reichtümer zu Füßen legen. Das tun wir nicht. Weil wir nämlich geizig sind. Aber Sie, Sie brauchen nicht geizig zu sein. Denn was Sie brauchen, und noch mehr, wird Ihnen zufließen. Also denken Sie an uns! Seien Sie ein großzügiger Herrscher! Fangen Sie gleich damit an!

Rot	Gelb	Weiß	Grün	Orange
–	**3**	–	**2**	–

Wollen Sie Präsident der australischen Lottogesellschaft werden? Mit wenig Arbeit und hohem Gehalt? Klar. Denn dreimal Gelb: Sie haben eine starke materielle Ader. Aber zweimal Grün: Anstrengen wollen Sie sich nicht dafür. Die australische Lottogesellschaft hat genau diese Farben in ihrem Emblem. Und jetzt wird's interessant. Ihr Vorgänger, der letzte Präsident, hat eine Nachforschung angestellt. Bei hundert Supergewinnern. Genau 73 von ihnen waren zehn Jahre danach verarmt und verschuldet. Zwölf weitere wurden wegen Depressionen

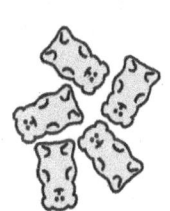

oder Alkoholismus behandelt, drei hatten Selbstmord begangen, einer hatte seine Frau erschossen. Nur elf Großgewinner machten einen heiteren Eindruck: Diejenigen, die weiterhin beruflich aktiv waren, und diejenigen, die von ihrem Geld vieles gestiftet hatten. Sie haben dreimal Gelb. Sie haben genau dieses Quäntchen Ehrgeiz, Arbeitslust, das den Losern unter den Gewinnern fehlt. Und dieses leichte Phlegma (zweimal Grün) wird mühelos beiseitegefegt von Ihrem Verlangen, mehr aus sich zu machen. Leuten wie Ihnen kann man einen Aufstieg ziemlich sicher voraussagen. Sie werden sich viele Wünsche erfüllen können. Und wenn Sie dennoch nie ganz zufrieden sind, dann liegt das an dem Motor, der in Ihnen brummt, und der Sie weitermachen und immer höher streben lässt. Überlassen Sie die Lottogesellschaft den Verlierern. Zu Ihnen kommt der Energiefluss des Geldes auf ganz natürlichem Weg. Aber bauen Sie bitte keine Staumauer auf. Sie wissen doch: Glücklich sind die Stifter. Und Sie ahnen doch wohl schon, wer auf Ihre Stiftung wartet?!

Schätze • Selbstvertrauen • Kreativität

Rot	Gelb	Weiß	Grün	Orange
–	3	–	1	1

Ein altes Märchen aus Peru erzählt, wie ein Kind sich in den Bergen verirrt. Es gerät in eine Schlucht, an deren Ende eine Felsentür den Weg versperrt. Die Tür hat weder einen Griff noch ein Schloss. Doch sie ist mit farbigen Edelsteinen besetzt. Und als das Kind erschöpft zu weinen beginnt, ertönt eine Stimme: Wähle deine Farben! Das Kind drückt auf einen goldgelben Edelstein. Dreimal. Immerhin, die Tür knarrt. In diesem Augenblick geht die Sonne unter. Schatten legen sich über die Büsche und Blätter, die grüne Farbe erlischt. Eilig drückt das Kind auf einen grünen Stein. Da geht ein Ruck durch die Tür. Aber sie öffnet sich nicht. Es wird noch dunkler. Ich brauche die Sonne!, denkt das Kind und berührt einen leuchtend oran-

gen Stein. Da springt die Tür auf. Im Inneren des Berges eröffnen sich unendliche Schätze. Zufällig hat das Kind genau die Kombination gewählt, welche die Tür öffnete. Und Sie? Sie ebenfalls. Was bedeutet das? Wenn Sie den Schatz in Ihrem Inneren erschließen, fließt Ihnen auch von außen der Reichtum zu. Das heißt dreimal Gelb. Der

Ehrgeiz packt Sie. Die Lust am Schaffen. Dazu kommen Grün, also Zuversicht und Selbstvertrauen, und Orange, die Fähigkeit zu Kontakten und Kreativität. Ja, Sie werden diesen Schatz strahlen lassen. Und wir werden uns verbeugen. Vielleicht sogar jubeln. Nur bedienen werden wir Sie nicht.

Ehrgeiz • Leichtsinn • Wunscherfüllung

Rot	Gelb	Weiß	Grün	Orange
–	3	–	–	2

Dreimal Gelb: Sie haben ein Händchen fürs Geld. Aber zweimal Orange: Sie sind leichtsinnig. Was haben Sie nicht schon alles Unnützes gekauft! Und wie viel haben Sie ausgegeben, um die Anerkennung anderer Leute zu kriegen. Um Freunde zu beeindrucken. Alles überflüssig! Werden Sie sich über Ihre eigenen Wünsche klar, und arbeiten Sie an deren Verwirklichung. Zum Beispiel: Mieten Sie genau die Wohnung, in der Sie sich wohlfühlen. Greifen Sie einmal ganz tief in die Kiste, und kaufen Sie den Roadster, den Sie immer nur durch die Scheibe sehen. Das unverschämt teure Bild, das Sie seit der Vernissage nicht vergessen können. Das Jil-Sander-Kleid oder den Armani-Anzug, in dem Sie gut aussehen. Nur wer den Mut hat, seine großen Wünsche zu verwirklichen, dem fließt das Geld zu. Aber das Gute ist: Je älter Sie werden, desto mutiger werden Sie. Und desto großzügiger. Sie trauen sich immer mehr zu. Sie verlagern Ihre Tätigkeit immer mehr auf das, was Sie eigentlich immer schon tun wollten. Und kriegen dabei jede Menge aufmuntern-

des Feedback. Sie begeben sich immer mehr in den Fluss jener Energie, deren eine Form das Geld ist. Eine andere Form ist: Selbstbewusstsein. Noch eine andere: Liebe. Dreimal Gelb bedeutet: Sie tun immer mehr das, was Ihnen Freude macht. Die Neigung zum Leichtsinn, zur Zerstreuung, die werden Sie vielleicht nie ganz verlieren. Aber ist das schlimm? Finden wir nicht. Zerstreuen Sie doch mal was! Wir fegen es auf!

Hemmung · Klärung · Inneres Wissen

Rot	Gelb	Weiß	Grün	Orange
–	2	3	–	–

Dreimal Weiß! Glückwunsch! Große Seher haben diese Kombination! Menschen, die aus ihrer Intuition heraus mehr wissen als andere nach lebenslangem Studium. Hört sich gut an, wie? Aber ganz so weit sind Sie noch nicht. Sie haben zweimal Gelb gezogen. Und das heißt: Sie sind von Ihrem eigenen Wert nicht so recht überzeugt. Zum Beispiel das Thema Geschenke. Für Leute mit zweimal Weiß ist es typisch, dass ihnen das Annehmen von Geschenken Verlegenheit bereitet. Sie wünschen sich was, klar. Aber Sie fühlen sich nicht gern verpflichtet. Das ist das Erste, was Sie jetzt lernen: Geschenke ohne Verlegenheit anzunehmen. Denn jedes Geschenk ist eine Bestätigung dafür, dass Sie es wert sind. Und nur wer vom eigenen Wert überzeugt ist, kann zugleich materiell (Gelb) und geistig (Weiß) glücklich sein. Sie sind sensibel. Sie haben einen klaren Blick. Therapeutische Fähigkeiten. Sie können überdies darauf vertrauen, dass Sie geführt werden. Aber Sie haben leichte Probleme auf anderen Ebenen. Im Beruf. In finanzieller Hinsicht. Da fehlt es Ihnen an

Vertrauen. An der Fähigkeit, Dinge loszulassen, die nicht mehr zu Ihnen gehören. Allerdings: Dreimal Weiß ist stärker als zweimal Gelb. Und das bedeutet: Sie werden sich ansehen, was da in Ihrem Weg steht. Werden sich damit auseinandersetzen. Offen, klar, entschlossen. Und Ihre Energie wird immer kraftvoller fließen.

Eitelkeit · Unklarheit · Ordnung

Rot	Gelb	Weiß	Grün	Orange
–	2	2	1	–

Haben Sie gelegentlich das Gefühl, dass Ihnen jemand ausweicht? Die Straßenseite wechselt, wenn er Sie von Weitem sieht? Sich schnell einen Schnurrbart anklebt, damit Sie ihn nicht erkennen? Wir haben auch schon mal Reißaus genommen. Wo war das noch? Na, jedenfalls wollten Sie uns irgendetwas erklären. Aber was eigentlich, das blieb unklar. Sie haben ziemlich umständlich irgendetwas berichtet, haben sich verwirrt und trotzdem weitergeredet. Zweimal Gelb, zweimal Weiß, das heißt: Jemand hält sich für interessant, aber die anderen teilen diese Ansicht nicht. Sie sind interessant.

Ja, Sie sind was Besonderes. Sie haben auch etwas zu sagen, nur fließt es manchmal etwas ungefiltert aus Ihnen heraus. Aber: Sie haben ein grünes Bärchen gezogen. Und das bedeutet Ordnung. Geradlinigkeit. Innere Ruhe. Vertrauen. Es bedeutet, dass Sie eine neue Übersicht gewinnen. Über das, was Sie wollen, und das, worauf Sie dankend verzichten. Über das, was Sie abhaken können, und das, was Sie noch zu erledigen haben. Sie bekommen eine ungewohnte Klarheit, wenn

Sie mal aufräumen in Ihrem Kramladen. Wenn Sie all das abschließen, was Sie mal begonnen und nie zu Ende gebracht haben. Briefe genauso wie Beziehungen. Wenn Sie an einer Ecke anfangen mit dem Aufräumen, merken Sie, wie sich Ihr Kopf klärt. Und alle anderen merken es auch. Wie Ihre ganze Persönlichkeit klar wird. An Ausdruck gewinnt. Beim Denken, beim Handeln, beim Reden. Sogar beim Schweigen.

Ehrgeiz • Illusion • Humor

Rot	Gelb	Weiß	Grün	Orange
–	2	2	–	1

Es war einmal ein Mensch, der hatte große Visionen. Und großen Ehrgeiz. Der unternahm eine fantastische Expedition. Er wollte als Erster den Südpol erreichen. Er fand auch hin. Aber nicht mehr zurück. Denn als er den Südpol erreichte, da war ihm jemand zuvorgekommen und hatte bereits eine Flagge gehisst.

Und da war unser Held, er hieß Robert Scott, so blind vor Enttäuschung, dass er mitsamt seiner Mannschaft den Rückweg verfehlte. Seine Spur verliert sich im Schneesturm. Kennen Sie das, dass  Sie große Hoffnungen hegen und hochfliegende Pläne schmieden, und dann kommt irgendjemand und piekst mit einer kleinen Nadel in Ihren Luftballon? Und dann bleiben davon nur so ein paar Fetzen übrig? Das kennen Sie. Sie haben anspruchsvolle Wünsche. Sie wollen bedeutend sein. Und Sie haben auch ein Recht darauf. Nur sehen Sie gelegentlich vor lauter Anspruch die Wirklichkeit nicht. Dabei haben Sie enorme Möglichkeiten! Das zeigt das orange Bärchen, das Sie gezogen haben. Es steht für Neugier, Esprit, Kreativität. Für Humor. Für die schöpferische Seite, die Sie jetzt an sich entdecken. Sie werden auch in Zukunft nicht begeistert sein, wenn vor Ihnen jemand den Pflock in den Boden rammt. Aber Sie können nach kurzem Schreck darüber lachen. Und schon fällt Ihnen was Besseres ein. Sie am Südpol – und es würde da entschieden lustiger zugehen!

Tatenlosigkeit · Ehrgeiz · Intuition

Rot	Gelb	Weiß	Grün	Orange
–	2	1	2	–

Eines Tages spaltete sich der Himmel. Eine riesige Hand kam heraus. Und die griff sich ein kleines, blondes Mädchen namens Meryl Streep, stellte es nach Hollywood vor eine Filmkamera, und dazu sprach eine gewaltige Stimme: Jetzt bist du ein Star! So jedenfalls habe sie

es sich immer vorgestellt, erzählt Meryl Streep. Irgendwann, dachte sie, wirst du entdeckt. Wurde sie aber nicht. Stattdessen entdeckte sie eines Tages die ersten Falten. Und da kündigte sie den Bürojob, nahm Schauspielunterricht, bewarb

sich an kleinen Bühnen. Von da an ging's bergauf. Was hat das mit Ihnen zu tun? Auch Sie sind begabt, haben einen gewissen Ehrgeiz, der aber nicht so recht fruchtet (zweimal Gelb), weil Sie lieber hoffen und warten, statt etwas zu wagen (zweimal Grün). Sie laufen Gefahr, Ihre erstaunlichen Anlagen verkümmern zu lassen. Das weiße Bärchen zeigt: Ihre innere Stimme, Ihre Intuition meldet sich. So laut, dass Sie sie kaum überhören können. Die sagt Ihnen, es ist an der Zeit, auf eigenen Füßen zu stehen. Loszugehen. Ins Unbekannte. Sie können der Füh-

179

rung Ihrer inneren Stimme vertrauen. Auch wenn Sie auf die Nase fallen. Auch wenn Sie eins auf den Deckel kriegen. Wenn man Sie ablehnt. Solche Erfahrungen sind nur dazu da, damit Sie checken, was Ihnen guttut und was nicht. In welche Richtung Sie gehen sollten, und welche Sie lassen können. Das kriegen Sie nur im Trial-and-Error-Verfahren raus. Nicht durch Gedankenspiele. Sondern indem Sie aufbrechen. Schicken Sie uns gelegentlich eine Ansichtskarte!

Rot	Gelb	Weiß	Grün	Orange
–	2	1	1	1

Wo hatten Sie noch Ihr Geld versteckt? Im Schuh? Da ist nichts. Im Kühlschrank? Der ist leer. In der Sparbüchse? Da klappern nur drei englische Pennies. Es hilft nichts. Sie sind pleite. Schon mal erlebt? Aber sicher. Denn zweimal Gelb bedeutet eine Blockade. In Sachen Geld, Arbeit, Wunscherfüllung. Eine Blockade Ihrer Energie. Durch selbst auferlegte Fesseln. Wenn Sie das spüren, dann ist das ein Riesenglück. Weil Sie dann Ihre Haltung ändern werden. Natürlich wäre es bequem, wenn jetzt Ihre Erbtante ins Nirwana überwechseln würde. Wenn ein flüchtender Ganove seinen Geldkoffer in Ihren  Garten werfen würde. Aber so funktioniert das Leben nicht. Wie es stattdessen funktioniert, das merken Sie gerade. Denn Sie haben zu den beiden gelben noch eine wunderbare Dreierkombination gezogen. Weiß bedeutet: Sie erkennen, dass Niederlagen auf Ihrem Weg lediglich eine Art Intensivkurse sind, bei denen Sie Erkenntnisse sammeln. Grün heißt: Sie treffen aufgeschobene Entscheidungen. Sind bereit, etwas zu leisten. Und dafür etwas zu verlangen. Sie spielen sich nicht mehr herunter. Und Orange: Sie erkennen, dass Sie einen untrüglichen Kompass haben, nämlich die Freude. Alles, was Ihre Freude und Ihre Kreativität steigert, ist gut für Sie. Das lässt die Energie zu Ihnen fließen. Und Geld ist nur ein Zeichen für diese Energie. Also, alle Schleusen auf.

Gier • Leichtsinn • Intuition

Rot	Gelb	Weiß	Grün	Orange
–	2	1	–	2

Sie sind leichtfertig, auch leichtgläubig (zweimal Orange). Und scharf aufs Geld, um nicht zu sagen gierig (zweimal Gelb). Eine wunderbare Kombination. Vor allem für Leute, die Ihnen ein Supergewinnspiel andrehen wollen. Für Spekulationen an der Börse, die mit einem Totalverlust enden. Für Erbschleicherei. Sie könnten ganz gut Krimis erfinden und sich in die Seele der Übeltäter hineindenken. Diese Bärchen weisen darauf hin, dass Sie eine spekulative Neigung haben. Das ist die Kehrseite Ihrer spielerischen Veranlagung (zweimal Orange). Und dass Sie gern Scheuklappen tragen und gierig in eine

Richtung starren. Das ist die Kehrseite Ihres Ehrgeizes (zweimal Gelb). Leute mit dieser Kombination machen im Allgemeinen schlechte Geschäfte. Wenn sie nicht – wie Sie – noch ein weißes Bärchen dazuziehen. Das steht für Klarheit des Geistes, Sensibilität, Intuition. Dafür, dass Sie endlich Ihre Begabungen entwickeln. Weil Sie auf einmal sonnenklar sehen, weshalb Sie bislang einige Fehler immer wieder gemacht haben. Weshalb Sie häufig reingefallen sind.

Weil Sie Ihre innere Stimme vernehmen. Weil Sie bereit sind, Ihrer Intuition zu folgen. Und das kann gut werden. Sehr gut sogar.

Reinigung • Eifer • Ordnung

Rot	Gelb	Weiß	Grün	Orange
–	2	–	3	–

Wie nützlich! Sie haben die Wappenfarben des British Cleaning Councils gezogen! Der Vereinigung britischer Raumpflegerinnen und Raumpfleger! Was wir daran so toll finden? Na, dass Sie jetzt Lust kriegen, auch mal bei uns so richtig sauber zu machen! Nein? Na, gut. Dann sehen wir uns erst mal die symbolische Bedeutung an. Dreimal Grün heißt, dass für Sie eine Phase der Verlässlichkeit, der Häuslichkeit, der Ordnung beginnt. Sie können also wenigstens bei

sich selbst mal aufräumen. Können Klarheit schaffen, indem Sie das Wenige, was sich zu erledigen lohnt, wirklich erledigen: offene Rechnungen, angefangene Arbeiten, unbeantwortete Briefe. Und eine Beziehung ist da, in der ein störender Rest Unklarheit rumort. Das alles können Sie jetzt wirksam anpacken. Sie werden ein ungewohntes Freiheitsgefühl verspüren! Zweimal Gelb jedoch heißt: Kann sein, dass Sie dabei ein wenig rücksichtslos werden und übereifrig zu Werke gehen. Wenn Sie Hausputz machen wie die britischen Scheuerkolonnen, ist das okay. Wenn Sie menschliche Verhältnisse bereinigen, brauchen Sie etwas mehr Fingerspitzengefühl. Aber das haben Sie ja. Und mit dreimal Grün haben Sie auch die nötige Güte. Sie werden sich jetzt Freiheit und Respekt verschaffen. Obwohl es uns gereicht hätte, wenn Sie hier mal ausgefegt hätten.

Rot	Gelb	Weiß	Grün	Orange
–	2	–	2	1

Haben Sie ein Glück! Dass Sie auch noch ein oranges Bärchen gezogen haben! Denn zweimal Gelb, zweimal Grün bedeutet: sich ärgern und trotzdem nichts tun. Heißt großen Ehrgeiz hegen, große Träume, aber immer warten, dass jemand anderes sie erfüllt. Aber der Trick der Leute, die ihre Träume nicht nur träumen, sondern leben, heißt: was wagen. Selbst was ändern. Den An-

ruf machen. Das unangenehme Gespräch riskieren. Überhaupt: ein Risiko einge-hen. Nicht auf Nummer sicher bleiben. Zahllose miserable Beziehungen werden durchgeschleppt, und beide Partner lei-den, weil keiner das Risiko eingehen will, allein zu sein. Vielleicht löst sich das Problem ja eines Tages ganz von selbst! Da kommt einer und holt einen raus! Essig. Da wird keiner kommen. Ob es bei Ihnen die Beziehung ist oder die Wohnung, der Job oder die Familie: Wo immer Sie kleben, Sie müssen sich selbst losreißen. Kann sein, dass Sie auf die Nase fallen. Dass man Sie ablehnt. Das gehört dazu. Und ist ein wichtiger Teil. Denn schmerzhafte Erfahrungen geben Feedback und sagen Ihnen, womit Sie glücklicher werden und womit nicht. Das kriegen Sie nur im Trial-and-Error-Verfahren raus. Und Sie wollen es rauskriegen. Das zeigt das orange Bärchen. Sie haben geschnallt, dass es nur positive Erfahrungen gibt. Und Lernerfahrungen. Und Sie haben Lust zu lernen. Lust zu leben. Auf geht's!

Rot	Gelb	Weiß	Grün	Orange
–	2	–	1	2

Sagt Ihnen der Name Umberto Raimondi etwas? Oder Carmencita Gonzales? Raimondi war Besitzer einer Marienstatue, die mehrmals im Jahr echte Tränen weinte. Pilger aus ganz Europa reisten zu ihm. Und die Spanierin Gonzales besaß ein Heiligenbild, dessen gemaltes Blut sich einmal im Jahr verflüssigte. Auch hier spendeten Gläubige Hab und Gut, um Heilung zu erfahren. Schade. Raimondi benutzte ein Kontaktlinsenmittel, um die Tränen herzustellen. Und Carmencita piekte sich in den Finger, um Blutstropfen über das Bild rinnen zu lassen. Was hat das mit Ihnen zu tun? Auch Sie treiben manchmal Schindluder mit Ihrer kreativen Begabung. Und es kommt vor, dass Sie Lügen erfinden und anschließend selbst daran glauben (zweimal Orange). Ja, Ihre Flunkerei noch  stur verteidigen (zweimal Gelb). Doch dieser Mix aus Leichtfertigkeit und Starrsinn wandelt sich jetzt gerade. Sie haben ein grünes Bärchen gezogen. Das bedeutet: Sie bringen Ordnung in Ihre Verhältnisse. Sie haben keine Lust mehr, andere reinzulegen. Und selber reinzufallen.

Sie gewinnen eine neue Besonnenheit. Selbstvertrauen. Treue. Ja, Sie beginnen, sich selber treu zu werden. Statt sich zu verstellen. Man wird es sogar an Ihrem Körper erkennen. Sie gehen aufrechter. Sie haben einen festeren Blick. Apropos Blick: In unserem Besitz befindet sich eine Statue, die zu Ostern mit den Augen rollt. Interessiert?

Leichtigkeit · Argwohn · Kreativität

Rot	Gelb	Weiß	Grün	Orange
–	**2**	–	–	**3**

Charly Chaplin hatte eine seltsame Angewohnheit. Bei den Dreharbeiten zu seinen Filmen mussten immer drei Orangen bereitliegen. Zum Jonglieren. Wenn er Aufmunterung und Ideen brauchte, nahm er sie und begann zu jonglieren. Dies sei, erzählte er später, seine geheime Inspirationsquelle gewesen. Nun 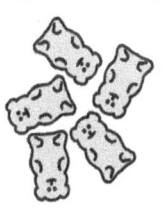 – die Quelle seiner Einfälle wird schon in Charly selbst gewesen sein. Doch die drei Orangen haben diese Quelle zum Sprudeln gebracht. Tatsächlich ist die Farbe Orange von jeher ein Symbol der Heiterkeit und der Kreativität gewesen. Wenn Sie drei orange Bärchen gezogen haben, werden Sie das merken. Es beginnt eine beschwingte, spielerische, schwerelose Zeit, in der Sie Ihre Ideen schöpferisch umsetzen und leicht und munter auf Leute zugehen können. Aber vielleicht gönnen Sie sich so ein unbeschwertes Leben gar nicht? Sie wünschen es sich. Aber kann es sein, dass Sie insgeheim glauben, Sie hätten es nicht verdient? Misstrauen Sie Leuten, die allzu locker und lustig wirken? Finden Sie die verantwortungslos, weil Sie vielleicht ein bisschen neidisch sind? Wir fragen das, weil Sie auch zwei gelbe Bärchen gezogen haben. Und das weist auf einen geheimen Argwohn hin. Vielleicht sind Sie allzu leistungsorientiert? Oder empfinden sich als schwerfällig? Na, das hat jetzt ein Ende! Denn dreimal Orange ist stärker als zweimal Gelb. Es bleibt Ihnen gar nichts anderes übrig, als spielerisch und heiter zu werden. Als kreativ und kontaktfreudig zu sein. Wir freuen uns auf Sie. Treten Sie doch bitte als Clown, Komödiant oder Aktionskünstler auf unserer nächsten Party auf.

Rot	Gelb	Weiß	Grün	Orange
–	1	4	–	–

An einem Frühlingsabend des vergangenen Jahres wurde über Süddeutschland ein Ufo gesichtet. Lautlos und blitzschnell zog es über den Himmel, doch ganz genau waren seine vier weißen Positionslichter zu sehen. Ein paar Monate später zog ein Ufo über die mecklenburgische Küste. Deutlich erkannten Urlauber seine vier weißen Lichter. Viermal Weiß! Und nun Sie mit Ihren vier weißen Bärchen! Eine genaue Entsprechung! Was bedeutet das? Dass Sie demnächst von einem Ufo abgeholt werden? Nein. Ganz im Gegenteil. Diese beiden Ufo-Sichtungen gehör-

ten nämlich zu jenen bedauernswerten Fällen, die sich als Täuschung erwiesen haben. Es waren schlichte Wettersatelliten. Viermal Weiß: Das bedeutet leider Täuschung. Illusion. Und wenn es hier ein Ufo gibt, dann sind Sie das. Ja, Sie können froh sein, dass wir Sie überhaupt gesichtet haben. Denn Sie befinden sich gerade in einer nebeligen Phase. Sie wissen nicht, was Sie wollen. Sie sind unsicher – und deshalb empfindlich. Aber diese Phase geht zu Ende. Sie haben nämlich ein gelbes

Bärchen gezogen. Das bedeutet zwar zunächst einmal Arbeit. Konzentrierte Aktivität. Im Job. Im Studium. Oder in einer Beziehung. Sie müssen ranklotzen. Aber dadurch entdecken Sie das eigentliche Potenzial hinter Täuschungen und Irrtümern: Ihre Fähigkeit, das Leben intuitiv zu meistern. Mit Fantasie und Sensibilität. So weit sind Sie noch nicht. Das gelbe Bärchen sagt: Sie müssen was tun. Aber die Richtung stimmt. Und wenn Sie irgendwann Ihr eigenes Ufo haben, lassen Sie uns auch mal damit fahren, okay?

Hellsichtigkeit · Freude · Intuition

Rot	Gelb	Weiß	Grün	Orange
–	1	3	1	–

Sie sind hellsichtig. Sie haben das Talent zum Wahrsagen! Sie erleben bestimmt gelegentlich Situationen wie diese: Sie haben an jemanden gedacht, und schon klingelt das Telefon – er ist dran. Sie haben eine bestimmte

Situation vor Augen, und wenig später ereignet sie sich genauso. Sie gehen die Straße entlang und denken an jemanden, den Sie lange nicht gesehen haben; schon biegt er um die Ecke. Kennen Sie das, Sie mit Ihren drei weißen Bärchen? Das sind kleine Fälle von Hellsichtigkeit. Die zeigen, dass Großes in Ihnen steckt. Wie dieses Große zum Vorschein kommt? Na ja, leider nicht von selbst. Leider nur durch Übung. Aber Sie haben ja das gelbe Bärchen des Ehrgeizes und der Arbeitslust und das grüne Bärchen der Geordnetheit und der Kontinuität. Das sind optimale Voraussetzungen, um Ihr Talent zu entwickeln. Etwa so. Wenn das nächste Mal das Telefon läutet, fragen Sie: Wer ruft an?, und geben sich eine Antwort. Und erst dann heben Sie ab. Ebenso können Sie auf dem Weg in den Job voraussagen, welchen Pullover die Kollegin heute tragen wird. Oder wem Sie beim Einkaufen als Erstes begegnen. Bereits solche spielerischen Übungen schärfen Ihre innere Wahrnehmung. So oder ähnlich trainieren Sie eine Begabung, die Sie fast allen Ihren Mitmenschen voraushaben: Ihre Hellsichtigkeit. Ihr Vertrauen darein, dass Sie geführt werden. Ihre Intuition, die schließlich den Wert alles Bücherwissens übersteigt. Beneidenswert. Wir gratulieren.

Klarheit • Intuition • Persönlichkeit

Rot	Gelb	Weiß	Grün	Orange
–	1	3	–	1

Wenn Sie jetzt oder demnächst mit ein paar Freunden zusammen sind, probieren Sie doch mal folgendes Spiel. Es nennt sich Telepathisches Zeichnen. Es wird zu zweit geübt, zunächst Rücken an Rücken, später von Ecke zu Ecke quer durch den Raum. Ein Freund zeichnet einen einfachen Gegenstand (Elefant, Stern, Männchen) auf ein Blatt Papier. Dann presst er dieses Blatt auf seine Stirn und stellt sich vor, das Bild als Gedankenstrahl durch den Punkt zwischen seinen Augenbrauen auszusenden. Sie versuchen, das gesendete Bild zu erkennen, und zeichnen es nieder. Dann wird verglichen. Sie werden sehen: Mit wachsender Übung wird die Ähnlichkeit der Bilder immer größer. Vor allem, wenn Sie die Bilder empfangen. Denn – die drei weißen Bärchen zeigen es – Sie haben die Begabung der Hellsichtigkeit. Sie nehmen mehr wahr als andere. Und weil Sie das gelbe Bärchen der Arbeitslust gezogen haben und das orange der Kreativität, sind Sie berufen, aus dieser Begabung etwas zu machen. Zum Beispiel, indem Sie den Punkt zwischen Ihren Augen-

brauen aktivieren, das sogenannte dritte Auge. Indem Sie sich zehn Minuten lang in meditativer Sitzhaltung auf diesen Punkt konzentrieren oder ein paarmal in tiefer Tonlage summen: Mmm und Oooouuuu, bis jener Punkt kribbelt. Wenn Sie täglich nur ein paar Minuten auf diese schlichten Übungen verwenden, öffnen Sie sich für die Bilder der Zukunft und entwickeln Ihre Hellsichtigkeit. Keine Lust? Macht nichts. Die Klarheit Ihrer Wahrnehmung entwickelt sich auch so. Und mit Ihrem Witz und Ihrem Ehrgeiz werden Sie daraus eine Menge machen. Das zeigen die Bärchen.

Opferhaltung · Bequemlichkeit · Verantwortung

Rot	Gelb	Weiß	Grün	Orange
–	1	2	2	–

Na, was haben Sie in letzter Zeit geträumt? Wir wissen es. Sie haben geträumt, dass Sie hilflos sind. Machtlos. Verloren. Sie schwitzen in einer Prüfung und wissen nichts. Stehen auf einer Party und merken: Ich bin nackt! Wollen weg und kommen nicht von der Stelle. Müssen zum Zug und erreichen ihn nicht. Schreien, niemand hört Sie. Von dieser Art sind zurzeit Ihre Träume. Und Ihr Leben. Sie fühlen sich ausgeliefert, irgendeiner Situation, irgendeiner Person. Sie wollen sich nicht mehr als Opfer fühlen. Sie wollen endlich die Chose selbst in die Hand nehmen. Aber Sie wissen nicht, wie. Noch

nicht. Doch das gelbe Bärchen zeigt, dass Ihre Kurve aufwärts zeigt. Nicht von allein, Sie müssen schon ein bisschen was tun. Denn dass Sie sich als Opfer fühlen, liegt an Ihrer passiven Haltung. Sie haben die Neigung, die Verantwortung anderen zuzuschieben. Zum Beispiel, wenn es nicht vorangeht, wenn Sie frustriert sind, wenn Sie in der Patsche sitzen. Die anderen sind schuld! Nein, niemand anders als Sie allein! Sie haben die Verantwortung für Ihr Leben, nur

Sie! Aber – das gelbe Bärchen zeigt es – Sie sind jetzt bereit, die Verantwortung für sich ganz zu übernehmen. Selbstständig zu denken. Und zu handeln. Fehler einzugestehen und nicht zu wiederholen. Genügend Scharfblick dafür haben Sie, an Verstand mangelt es Ihnen nicht, auch nicht an Sensibilität. Sie brauchen nur einen Tritt in den Hintern, den wir Ihnen hiermit freundlichst versetzen. Los, Sie Dröhnbüddel!

Selbstverleugnung • Anregung • Aufbruch

Rot	Gelb	Weiß	Grün	Orange
–	1	2	1	1

Eigentlich eine hübsche Kombination. Nur die zwei weißen Bärchen, die geben zu denken. Zweimal Weiß bedeutet nämlich: Sie sind nicht ganz ehrlich mit sich selbst. Sie trauen sich nicht. Und andere nutzen das aus. Da meldet sich zum Beispiel ein entfernter Bekannter bei Ihnen. Der ist neuerdings in der Versiche-rungsbranche tätig. Und möchte Sie gern mal besuchen. Sie ahnen schon weshalb. Trotzdem sagen Sie zu. Und unterschrei-ben womöglich noch eine Versicherungs-police, die Sie gar nicht brauchen. Warum  wohl? Weil Sie ihm einen Gefallen tun wollen? Nein, weil Sie lieber sich selbst verleugnen, als ehrlich zu sein. Weil ehrlich sein auch bedeutet, Ablehnung zu riskieren. Da reden Sie sich lieber ein, dass der fremde Wunsch, den Sie erfüllen, auch Ihr eigener Wunsch ist. Aber jetzt haben Sie das gelbe Bärchen des Ehrgeizes gezogen und das grüne Bärchen des Selbstvertrauens und gar noch das orange Bärchen der Leichtigkeit und der Kreativi-tät. Sie fangen also endlich an, Ihre eigenen Anlagen und Fähigkeiten zu entfalten. Statt diese Talente herunterzuspielen. Sie zeigen sich selbst, statt sich aus Gefälligkeit kleinzumachen und zu verstecken. Eine sprudelnde Erfrischungskur beginnt. Die nicht nur Sie, sondern auch andere erquickt. Und, sind Sie gespannt? Neugierig und wach? Oder möchten Sie vorher lieber schnell noch eine Versicherung abschließen? Da hätten wir nämlich was für Sie, was enorm Günstiges. Wollen Sie unterschreiben? Nur so aus Gefälligkeit? Oder kommen wir bereits zu spät?

Rot	Gelb	Weiß	Grün	Orange
–	1	2	–	2

Sie unterschätzen Ihre Stärken. Und breiten stattdessen Ihre Schwächen aus. Beispiel? Na, Sie werfen zum Beispiel mit Namen bedeutender Leute und bewegender Ereignisse um sich. Wohl weil Sie betonen wollen, dass Sie

jeden kennen und überall dabei sind. Das haben wir jedenfalls mal so bei Ihnen erlebt. Sie haben sich einfach ins Gespräch gemischt und sind dann kleben geblieben. Also, Sie sind ja liebenswert. Und gerade deshalb brauchen Sie niemanden mit Schnörkeln zu beeindrucken, die gar nicht zu Ihnen gehören. Zweimal Weiß, zweimal Gelb bedeutet: Sie stellen sich als jemand anderes dar als Sie sind. Weil Sie glauben, dass das, was Sie sind, nicht genügt. Aber es genügt vollkommen. Sie haben die wahre Strahlkraft Ihrer Persönlichkeit ja noch nicht mal annäherungsweise zum Ausdruck gebracht. Das gelbe Bärchen zeigt: Sie beginnen jetzt damit. Weil Ihr Ehrgeiz gekitzelt ist. Sie wollen mehr. Und Sie verdienen auch mehr. Im doppelten Sinn des Wortes. Und Sie erreichen mehr, weil Sie sich selber ins Spiel bringen. Statt etwas anderes vorzutäuschen. Sie beginnen gerade, all den Ballast abzuwerfen, der nicht zu Ihnen gehört. Sie fangen gerade an, die Masken beiseitezulegen, die Sie sich so lange aufgesetzt haben. Und darunter sehen Sie gut aus, richtig gut.

Rot	Gelb	Weiß	Grün	Orange
–	1	1	3	–

Komisch, so kennt man Sie gar nicht. So arbeitsam, so zuverlässig, so klar. Aber die Bärchenkombination lässt keine Zweifel zu: Sie sind verdammt gut drauf. Und können jetzt eine Menge bewegen. Ihre drei grünen Knautschtierchen besagen zunächst einmal, dass für Sie eine Phase der Verlässlichkeit und der Ordnung beginnt. Sie können jetzt spielend Klarheit schaffen, indem Sie das Wenige, das sich zu erledigen lohnt, wirklich erledigen: offene Rechnungen, angefangene Arbeiten, unbeantwortete Briefe. Und eine unklare Beziehung ist da. Das alles können Sie jetzt wirksam anpacken. Tun Sie's.

Sie werden nicht nur ein ungewohntes Freiheitsgefühl verspüren. Sie verhelfen damit auch jener Begabung zum Durchbruch, die schon lange in Ihnen schlummert: Ihre heilenden Fähigkeiten. Sie haben nicht nur ein gutes Körpergefühl.

Sie spüren, wo Verspannungen sitzen, wo sich etwas staut, wo Energie in Fluss kommen soll. Und Sie können zuhören, wenn jemand nicht weiterweiß. Können klärende Fragen stellen. Das gelbe Bärchen besagt, dass

Sie daraus sogar einen einträglichen Beruf machen können. Und das weiße, dass Sie sich dabei felsenfest auf Ihre Intuition verlassen können. Überdies können Sie stets Kraft aus der Natur schöpfen. Sie bekommen Energie von Bergen, Bäumen, Flüssen, sogar aus dem Vogelgesang. Und wo immer Sie sind, können Sie sich erden. Können sich vorstellen, dass durch Ihre Füße Energie aus der Erde fließt. Andere versuchen das vergeblich. Bei Ihnen klappt es. Was, in drei Bärchens Namen, klappt eigentlich nicht bei Ihnen?

Nachgiebigkeit · Klarheit · Charme

Rot	Gelb	Weiß	Grün	Orange
–	1	1	2	1

Zweimal Grün: Das bedeutet Tatenlosigkeit. Eine Nachgiebigkeit, über die Sie selbst sich ärgern. Sagen wir, Ihre zweitbeste Freundin kommt zu Besuch, diejenige, die immer an Ihren Kleiderschrank geht und die Klamotten durchstöbert. Beim neuesten Teil ruft sie aus: Toll, du, kann ich das mal mitnehmen, ich habe noch nichts für

die Fete übermorgen?! Und Sie antworten hastig: Oh, das ist schlecht, schade, ausgerechnet übermorgen brauche ich es selbst! Aber da schüttelt Ihre Freundin schon lachend den Kopf, weil sie sich im Datum geirrt hat: Ach, nein, die Fete ist ja morgen, morgen ist ja Donnerstag, also – kann ich das Teil morgen haben, du brauchst es ja erst übermorgen?! Ächz. Was sollen Sie machen? Ist ja immerhin Ihre Freundin. Sie kennen sie schon ziemlich lange. Dieselbe Situation kann sich auch mit Ihrem Freund ergeben, der für einen kleinen Transport Ihr Auto haben möchte. Sie wollen es ihm eigentlich nicht geben, aber Sie möchten ihn nicht vor den Kopf stoßen. Vor allem wollen Sie nicht kleinlich erscheinen. Sie denken: Vielleicht gibt sich das ja mal von selbst. Aber das tut es nicht. Und doch werden Sie diese Schwäche jetzt überwinden. Denn Sie haben eine wunderbare Kombination gezogen. Gelb bedeutet: Sie sind jetzt in der Lage, klare Entscheidungen zu fällen. Grenzen zu ziehen, wo Sie Grenzen brauchen. Weiß heißt: Sie werden sich dabei auf Ihre Intuition verlassen können. Ihre innere Stimme war noch nie so deutlich zu vernehmen. Und Orange: Sie werden das alles auch noch auf heitere und charmante Weise tun können. Von jetzt an. Sie werden keine faulen Kompromisse mehr eingehen. Nur wenn wir Ihr Auto ausleihen wollen, okay?

Ignoranz • Auseinandersetzung • Aufstieg

Rot	Gelb	Weiß	Grün	Orange
–	1	1	1	2

Sie haben das weiße Bärchen der Klarheit und der Intuition gezogen, dazu das grüne der Harmonie und des Selbstvertrauens, schließlich das gelbe der erfolgreichen Arbeit. Das ist gut. Und dennoch kann Ihnen etwas dazwischenfahren. Das liegt an Ihrer Unachtsamkeit. An Ihrem Leichtsinn. An der Selbstzufriedenheit, mit der Sie das Feedback des Schicksals ignorieren. Das zeigen die beiden orangen Bärchen. Unangenehme Ereignisse sind nicht dazu da, dass Sie sich ärgern und warten, bis sie vorübergehen. Sondern eine Aufforderung, etwas zu ändern. Und je länger Sie diese Änderung hinauszögern, desto schwerer fällt sie.

Im Grunde wissen Sie längst, dass die Umstände, unter denen Sie leben, die Beziehungen, die Ereignisse, die scheinbaren Zufälle immer Spiegelungen Ihres Innenlebens sind. Sie erfahren immer nur die Wirklichkeit, die Ihrer eigenen Innenwelt entspricht. Und wenn Sie an der Wirklichkeit etwas ändern wollen, müssen Sie bei sich selbst anfangen. Mit Ihrer intuitiven Begabung haben Sie das insgeheim längst erkannt. Und trotzdem neigen

Sie dazu, sich immer so durchzumogeln. Dadurch bleiben Ihre Talente, Ihre Kreativität blockiert. Entweder das bleibt so, bis Sie sich ziemlich schmerzhaft den Kopf stoßen. Oder Sie fangen jetzt schon mal an, sich mit Ihren seelischen Problemzonen auseinanderzusetzen. Schlimm sind die nicht. Nur wuchern die wie Dornengestrüpp vor dem Palast Ihrer glänzenden Möglichkeiten. Und lediglich Ihre Neider freuen sich, wenn Sie sich nie an dieses Gestrüpp heranwagen. Ran!, sagen die Bärchen. Ziehen Sie endlich ein in Ihren Palast!

Kreativität • Unruhe • Erfolg

Rot	Gelb	Weiß	Grün	Orange
–	1	1	–	3

Essen Sie gern ganze Wildschweine? Und hauen anschließend einfältigen Römern was auf die Nase? Dann hätten Sie vor zweitausend Jahren in Gallien leben sollen. In einem kleinen widerspenstigen Dorf. Unter dem Namen Idefix. Die Bärchenkombination, die Sie aus der Tüte geholt haben, trägt die Lieblingsfarben von Uderzo, dem Erfinder von Asterix und Obelix. Und der mochte exakt dieses strahlende, helle Farbenspiel, das Sie gezogen haben. Es inspirierte ihn zu dem satirischen Witz, den er für die Storys seiner Helden brauchte. Und Sie haben diesen Witz! Sie werden inspiriert (weiß). Sie sind origi-

nell. Ironisch. Erfinderisch (orange). Und biegen gerade auf die Zielgerade Richtung Erfolg ein (gelb). Sie sind drauf und dran, Ihre geistreiche Begabung zu Gold zu machen. Allerdings: Sie sind auch ein bisschen flatterhaft. Diese Bärchenverbindung ist nicht gerade der Inbegriff ehelicher Treue. Aber bei kreativen Leuten ist das manchmal so. Die holen sich ihre Anregungen von überall. Daraus was Handfestes zu machen, eben wie Uderzo, das ist jetzt Ihre Aufgabe.

Man wartet auf Sie. Der Weg ist geebnet. Und wenn Sie trotzdem nichts machen aus Ihren großen Ideen, können Sie immer noch den kleinen Idefix spielen. Auf unserer nächsten Fete zum Beispiel.

Rot	Gelb	Weiß	Grün	Orange
–	1	–	4	–

Im Märchen vom Froschkönig verliert eine Prinzessin ihren goldenen Ball. Der plumpst in einen Brunnen, der dick mit Entengrütze überwuchert ist. Und ein Frosch muss dann nach dem Ball tauchen. Das ist ein Symbol für Ihre Situation. Sie denken, Sie sind die Prinzessin? Nein. Der Frosch? Auch nicht. Der goldene Ball? Vergessen Sie's. Nein, Sie sind die Entengrütze. Das sind grüne Algen, die mit Vorliebe Gewässer überdecken, in denen sich nichts bewegt.

Bei Ihnen bewegt sich nämlich nichts. Vier grüne Bärchen bedeuten: Stillstand. Ihr Glück, dass Sie ein gelbes Bärchen gezogen haben. Das bedeutet: Es kommt Bewegung in Ihren Sumpf. Sie wollen uns einreden, Sie seien gar nicht tatenlos? Sie machen doch alles Mögliche? Na, scheinbar vielleicht. Was Sie so an Aktivität abfackeln, das sind allenfalls Ablenkungsmanöver. Nein, bei Ihnen war Langeweile angesagt. Aber jetzt kommt eine neue Farbe in Ihre grüne Dämmerung. Gelb bedeutet: Die Aussicht auf goldene Dukaten bringt Sie auf Trab. Es könnte sogar sein, dass Sie Arbeitslust verspüren. Und ein bisschen was tun müssen Sie auch. Sie haben nämlich nur ein gelbes Bärchen gezogen, und das heißt: Ganz von allein werden Geld und Ruhm nicht auf Sie herabregnen. Sie müssen selbst nach der goldenen Kugel tauchen. Aber bei den verheißungsvollen Angeboten, die sich demnächst auftun, werden Sie schwerlich in der Grütze hängen bleiben!

Kreativität · Wohlstand · Heilung

Rot	Gelb	Weiß	Grün	Orange
–	1	–	3	1

Sie sind kreativ? Sie bekommen Geld dafür? Und Sie verhelfen mit Ihrer Arbeit anderen Menschen zu Klarheit und erleuchtenden Einsichten? Das ist ja fast schon zu viel des Guten! Aber genau das sagt Ihre Farbkombination. Komisch. Wo bleiben denn Ihre boshaften Eigenschaften? Die Bärchen sagen nichts darüber. Dreimal Grün: Sie können jetzt Klarheit schaffen. Und zwar, indem Sie Ihren ganzen liegen gebliebenen Kram wirklich erledigen: offene Rechnungen, angefangene Arbeiten, unbeantwortete Briefe. Und eine unklare Beziehung. Das alles können Sie jetzt anpacken. Sie verhelfen damit jener Begabung zum Durchbruch, die schon lange in Ihnen schlummert: Ihren heilenden Fähigkeiten. Sie haben nicht nur ein gutes Körpergefühl. Sie fühlen, wo Verspannungen sitzen, wo Energie in Fluss kommen soll. Und Sie können zuhören, wenn jemand nicht weiterweiß. Können klärende Fragen stellen. Das orange Bärchen besagt, dass Sie das alles kreativ verwerten können. Als Heiler. Als Medienstar. Als Partner. Oder als Kind oder Elternteil. Und als Künstler.

Indem Sie malen, komponieren, schreiben. Egal, was Sie machen: Von Ihnen geht eine Kraft aus, die Hektikern Ruhe geben kann, die Chaoten Klarheit verschafft und Orientierungslosen die Richtung zeigt. Und dass Sie damit – worauf das gelbe Bärchen hinweist – auch noch Geld verdienen, versteht sich ja fast schon von selbst. Beneidenswert!

Passivität · Nachgiebigkeit · Entscheidung

Rot	Gelb	Weiß	Grün	Orange
–	1	–	2	2

Es klingelt. Schreck. Sie ahnen, wer draußen ist. Diese Person, die Sie vor ein paar Tagen zufällig getroffen haben. Und die angedroht hat, sie werde vorbeikommen. Leider hatten Sie nicht den Mut abzulehnen. Und nun steht sie vor der Tür. Klingelt, bis ihr geöffnet wird. Und dann bleibt sie. Sehr lange. Und erzählt. Lauter uninteressantes Zeug, aber in aller Ausführlichkeit. Ab und zu geben Sie dezente Hinweise, dass sie wieder gehen könnte. Doch solche Hinweise versteht diese Person nicht. Stattdessen isst sie die Kekse auf, die Sie nicht rechtzeitig versteckt haben. Diese Situation ist typisch für Leute wie Sie, die solche Bärchen ziehen. Da mischt sich nämlich die Neigung, sich durchzumogeln (zweimal Orange), mit der Hoffnung, jede unangenehme Situation werde von selbst vorübergehen (zweimal Grün). Geht sie auch. Nur, zwei Wochen danach ist sie wieder da. Genauso oder ähnlich. Weil diese Situation – jemand nervt Sie und nutzt Sie aus – sich wiederholt, bis Sie lernen, eine Grenze zu setzen. Das ist Ihre Aufgabe. Deswegen haben Sie diese Kombi-

nation gezogen. Als Aufforderung. Als Signal der Verän-
derung. Denn Sie haben auch ein gelbes Bärchen aus der
Tüte gefischt. Und das heißt: Sie sind zu ehrgeizig, um
sich von anderen runterziehen zu lassen. Sie haben noch
was Besseres vor. Deshalb werden Sie von jetzt an Nein
sagen, wenn jemand Sie zu überreden versucht. Wenn
jemand Sie ausnutzt. Nein, werden Sie sagen, das mache
ich nicht. Punkt. Nur wenn wir anrufen, dann, bitte,
werden Sie dann noch einmal schwach?

Gestaltungskraft · Verlässlichkeit · Gewinn

Rot	Gelb	Weiß	Grün	Orange
–	1	–	1	3

Wussten Sie, dass der Komponist Giuseppe Verdi ein Altersheim gegründet hat? Nur für Künstler? Diese große Villa ist genau in den Farben gestrichen, die Sie gezogen haben. Orange dominiert. Orange, meinte  Verdi, macht heiter, neugierig, optimistisch. Dazu ein Anteil Grün. Diese Farbe, sprach der Komponist, fördert Vertrauen und Harmonie. Und schließlich ein Teil helles, fast goldenes Gelb. Die Farbe des Glanzes, den jeder Künstler braucht. Was heißt das wohl? Dass Sie ein Künstler sind? Na ja, jedenfalls haben Sie das Zeug dazu. Verdi hat, umgeben von diesen Farben, nicht nur jede Menge Einfälle gehabt (orange), er hat sie auch in Werke umgesetzt (grün) und reichlich Kohle damit gemacht (gelb). Genau das wollen Sie auch! Sie sind schöpferisch begabt. Wissbegierig. Reiselustig. Freuen sich an der Vielfalt des Lebens. Doch Sie sind deshalb nicht flatterhaft. Sie haben einen guten Teil Ernsthaftigkeit. Geradlinigkeit. Stabilität. Und dazu noch ein Händchen fürs Geld. Sie brauchen also keine Opern zu komponieren. Aber Sie können malen, schreiben, kochen, Teppiche knüpfen, Topflappen stricken, Bösewichte spielen, Wände besprayen. Jede Art schöpferischer Tätigkeit geht Ihnen jetzt leichter von der Hand als je zuvor. Und auch andere wissen Ihre Begabung zu würdigen. Man schätzt Sie. Man dankt Ihnen. Man will einen Groschen in Ihren Hut werfen. Und falls Sie mit Kunst überhaupt nichts im Sinn haben: Nutzen Sie Ihre heitere Gestaltungskraft fürs Leben. Sie haben echt was los.

Schwindelei · Kreativität · Selbstachtung

Rot	Gelb	Weiß	Grün	Orange
–	1	–	–	4

Oh, oh, viermal Orange. Die Kombination der Schwindler! Vier orange Streifen zierten den Wagen des Bluff-Senders VIP-TV. Da hatte ein Mensch einen ausgemusterten Ü-Wagen erworben und einfach das Wort VIP-TV draufgepinselt. Dann gab er Annoncen auf, Motto: Möchten Sie wie ein Star behandelt werden? Der angesehenste Bürger Ihres Ortes sein? Bei Interessenten (und für tausend Euro) parkte dieser Mensch dann seinen VIP-TV-Wagen vor dem Haus. Mit einer Kamera und einem Mikrofon schritt er die Stufen zur Haustür hinauf. Meist be-

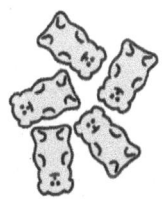

wegten sich dann schon die Gardinen der Nachbarn. Nachdem er mit dem Kunden anderthalb Stunden abgesessen hatte, ging er wieder. Und bei seiner Abfahrt war in respektvoller Entfernung bereits der halbe Ort versammelt. Alle glaubten, da sei jemand interviewt worden. Der Betreffende galt von nun als wichtig und bedeutend. Zugegeben, eine schlaue Geschäftsidee. Aber Schwindel ist auch dabei. Das ist bei Ihnen ähnlich. Sie haben gute Einfälle. Sie sind kreativ. Nur nutzen Sie Ihre Kreativität zuweilen dazu, andere übers Ohr zu hauen. Sie wollen zu Geld und Glück gelangen, indem Sie die Wahrheit zu Ihren Gunsten verbiegen. Stimmt's? Stimmt! Doch Sie haben noch ein gelbes Bärchen gezogen und also offensichtlich kapiert, dass Sie mit all der Schwindelei nichts gewinnen, sondern etwas verlieren. Nämlich Ihre Selbstachtung. Und dass Sie mit Ihrer Kreativität viel mehr anfangen können. Was Sie von jetzt ab auch tun. Sie werden Sachen machen, bei denen Sie nicht nur mit dem Kopf, sondern auch mit dem Herzen dabei sind. Hundertprozentig. Und das bringt Ihnen dann wirklich Geld und Glück.

Rot	Gelb	Weiß	Grün	Orange
–	–	**5**	–	–

Entweder Sie haben geschummelt. Oder es wird Ihnen bald ziemlich gut gehen. Wer von fünf weißen Federn träumt, ist nach dem Traumbuch der Sioux-Indianer zum Seher geboren. Wer fünf weiße Pferde sieht, dem winkt nach alter chinesischer Weisheit die Erleuchtung. Und wem fünf weiße Wölkchen aus dem Schornstein des Vatikan steigen, der ist zum Papst gewählt.

Wer fünf weiße Bärchen zieht, der ist begabt zu geistiger Führung. Der hat eine ungewöhnliche Intuition. Denn Menschen mit fünf weißen Bärchen haben nach innen den Zugang zur Quelle der Weisheit. Und nach außen den sechsten Sinn. Falls Sie es bislang nicht glaubten, werden Sie es demnächst überdeutlich merken: Sie ahnen mehr, sehen mehr, hören, spüren, fühlen mehr als andere. Sie sind hellsichtig. Medial begabt. Sie verfügen jedenfalls über eine geistige Energie, nach der viele sich sehnen und die nur wenige erreichen. Nun brauchen Sie eigentlich nur noch was daraus zu machen. Kleiner Tipp, bevor Sie sich als Medium oder Wahrsager niederlassen: Erst mal mit Freunden üben. Und bevor Sie als Guru Anhänger sammeln, nutzen Sie die wachsende Klarheit, um erst mal Ordnung in Ihre eigenen Angelegenheiten zu bringen. Dann steht Ihrem Aufstieg in den Olymp der Götter kaum noch etwas im Wege. Höchstens wir, die wir Sie untertänigst bitten, uns als Schüler zu akzeptieren. Damit wir auch auf den richtigen Weg kommen.

Täuschung • Unsicherheit • Vertrauen

Rot	Gelb	Weiß	Grün	Orange
–	–	4	1	–

Kennen Sie die Geschichte des Fallschirmspringers Gabriel Antunes? Der war so einer wie Sie. Der hatte immer Marshmallows bei sich. Als Glücksbringer. Eines Tages saß er im Flugzeug und merkte: Er hatte seine vier Marshmallows vergessen! Da sah Gabriel seine Mutter über das Rollfeld eilen. Die brachte ihm seine vier weißen Knautschis! Beruhigt hob er ab. Und beruhigt sprang er aus dem Flugzeug. Doch an diesem Tag hatte er Pech. Sein Fallschirm öffnete sich nicht. Wie ein Stein sauste Gabriel abwärts. Mit

vier weißen Glücksbringern. Tja. Viermal Weiß. Das bedeutet für Sie: Wie Gabriel glauben Sie, Ihr Glück hinge von Äußerlichkeiten ab. Sie meinen, Sie könnten das Schicksal bestechen. Aber da täuschen Sie sich. Besonders jetzt. Denn Sie befinden sich in einer höchst unklaren Phase. Sie sind verwirrt. Sie suchen nach Sicherheiten, wo keine sind. Sie haben das Gefühl, Sie sind irgendwo abgesprungen, und Ihr Fallschirm öffnet sich nicht. Wie werden Sie landen? Wie Gabriel Antunes? Er landete in einem riesigen Haufen frisch gemähten

Grases. Er versank im Heu. Was tat er als Erstes? Er warf seine Marshmallows weg. Auch Sie sind längst so weit, dass Sie sich von überflüssigem Ballast lösen können. Von Dingen, Zielen, Personen, die Ihnen kein Glück gebracht haben, sondern von denen Sie abhängig geworden sind. Lösen Sie die Fesseln. Sie brauchen sich nicht abhängig zu machen. Haben Sie nicht nötig. Denn Sie werden immer weich landen. Wo? Das grüne Bärchen ist ein Symbol dafür: auf den Polstern des Vertrauens. Denn wie viel Selbstvertrauen, wie viel innere Ruhe, innere Sicherheit Sie haben – das finden Sie gerade erst heraus. Spannend ist das! Und: Viel Spaß im Heu!

Verwirrung · Unsicherheit · Kreativität

Rot	Gelb	Weiß	Grün	Orange
–	–	**4**	–	**1**

Erinnern Sie sich an Ihre letzten Träume? Dann wird Ihnen einer besonders aufgefallen sein, ein Falltraum. Wenn Sie ihn bisher nicht geträumt haben, dann ist er heute Nacht fällig. Der Boden scheint wegzugleiten. Sie taumeln und fallen. Sausen durch einen endlosen Tunnel. Kippen von einer Bergspitze. Und der Sturz hört nicht auf. Bis Sie aufwachen und sich an der Bettdecke festkrallen. Das ist ein typischer Traum von Leuten, die vier weiße Bärchen ziehen. Die nicht mehr genau wissen, was Sache ist. Woran sie sich halten sollen. Und in dieser Lage sind Sie gerade. Sie befinden sich an einem Wende-

punkt. Stehen am Ende einer Beziehung. Oder vor dem Umzug in eine andere Stadt. Oder mitten im Umbau Ihrer Karriere. Etwas, woran Sie bisher Halt gefunden haben, entgleitet. Das muss weg. Aber Sie haben Hemmungen, den alten Kram loszulassen. Weil Sie ja nicht genau wissen, was da Neues kommt. Aber Ihre Unsicherheit ist nicht von Dauer. Ihre Orientierungslosigkeit endet. Sie haben nämlich auch noch ein oranges Bärchen gezogen. Und das bedeutet:

Es wird lustig. Jede Menge Neuigkeiten sind angesagt. Events. Kontakte. Kreativität. Die Farbe Orange weist überdies auf Ihre Fähigkeit hin, Dinge spielerisch anzugehen. Mit Heiterkeit und Augenzwinkern. Dass Sie nur ein einziges Bärchen von dieser Farbe gezogen haben, heißt allerdings: Sie müssen auch selbst was dafür tun. Müssen was Neues versuchen. Müssen was wagen. Aber wie wir Sie kennen, tun Sie das lieber heute als morgen. Damit Ihr Leben Farbe kriegt. Und Ihre Träume richtig bunt werden.

Ideen • Tatenlosigkeit • Intuition

Rot	Gelb	Weiß	Grün	Orange
–	–	3	2	–

Diese Farbzusammenstellung findet sich im Wahrzeichen einer italienischen Agentur, die etwas Originelles anbietet: Sie erinnert Leute an ihre guten Vorsätze. Telefonisch oder per SMS. Zu Jahresbeginn oder am eigenen Geburtstag können Sie da anrufen und mitteilen, was Sie jetzt besser machen wollen. Mehr Sport treiben, weniger rauchen, gesünder essen oder so ähnlich. Von da an ruft die Agentur Sie monatlich an und fragt, wie es um das Einhalten Ihrer Vorsätze bestellt ist. Das kostet wenig und bringt angeblich viel. Was hat das mit Ihnen zu tun? Sie sind auch groß im Schmieden von Plänen. Im Entwerfen von Projekten.

Sie haben interessante Vorsätze. Das zeigen die weißen Bärchen. Nur mit der Durchführung hapert es manchmal ein bisschen. Das zeigen die beiden grünen Bärchen. Sie denken, mit der großartigen Idee sei es schon getan. Und wundern sich dann, dass daraus nicht viel wird. Das liegt daran, dass Sie selbst nicht so richtig in Gang kommen. Aber jetzt wird das anders. Denn Sie haben drei weiße Bärchen gezogen. Die bedeuten, dass Sie Ihre

Fantasie jetzt umsetzen. Ihre Wünsche verwirklichen. Ihrer Intuition Taten folgen lassen. Weil Sie sich überlegen, wie Sie Ihre Ideen verwirklichen können – und in welchen Schritten. Diese italienische Agentur rät zum Aufschreiben. Und zum Meditieren über Zielbilder: Der Raucher soll sich seine aufatmende Lunge vorstellen, der Schoko-Süchtige seine gertenschlanke Figur, der Hinauszögerer seinen bald aufgeräumten Schreibtisch. Aber Sie brauchen so eine Agentur nicht mehr. Sie könnten selber eine gründen. Wir wären Ihr Kunde.

Hellsichtigkeit · Vertrauen · Kreativität

Rot	Gelb	Weiß	Grün	Orange
–	–	3	1	1

Haben Sie Lust auf ein Spiel? Haben Sie. Sonst hätten Sie kein oranges Bärchen gezogen. Dann probieren Sie mal Folgendes. Sie verlassen den Raum, und die anderen verstecken etwas, zum Beispiel ein Portemonnaie. Dann werden Sie zurückgerufen. Die anderen stellen sich nun um Sie herum und berühren mit den Fingerspitzen Ihren Nacken; dabei konzentrieren sie sich auf das Versteck des  Portemonnaies und versuchen diesen Gedanken durch die Finger auf Sie zu übertragen. Sobald Sie etwas ahnen oder vor Ihrem inneren Auge sehen, gehen Sie zu dem Versteck. Die Trefferquote steigt mit wachsender Übung. Warum Sie so was ausprobieren sollen? Weil Sie die Bärchenkombination der Hellsichtigkeit gezogen haben. Weil Sie ohnehin feinere Antennen haben als andere, eine schärfere Wahrnehmung, ein sensibleres Empfinden. Wenn jemand aus diesem Talent etwas machen kann, dann Sie. Sie haben das orange Bärchen der spielerischen Heiterkeit und der Kreativität. Und das grüne Bärchen der Selbstdisziplin und der Kontinuität. Sie können also Ihre Hellsicht und

Intuition richtig zur Blüte bringen. Ob Sie das künstlerisch nutzen oder therapeutisch, ob Sie anderer Leute Träume deuten oder eine mediale Begabung entwickeln, oder ob Sie Ihren siebten Sinn geschäftlich nutzen, ist gleich. Die Klarheit Ihrer Wahrnehmung nimmt auf jeden Fall zu. Ihre Intuition wird sich immer stärker Gehör verschaffen. Und mit Ihrem Witz und Ihrem Selbstvertrauen werden Sie daraus eine Menge machen. Eine richtige Persönlichkeit werden Sie. Was wir ja ohnehin schon immer geahnt haben.

Unruhe • Intuition • Geistige Kraft

Rot	Gelb	Weiß	Grün	Orange
–	–	**3**	–	**2**

Sie sind ein bisschen wankelmütig, stimmt's? Ein ganz klein bisschen verantwortungslos, richtig? Etwas flatterhaft, unstet, labil. Sonst hätten Sie diese Bärchenkombination nicht gezogen. Sie haben eine ungewöhnliche geistige Beweglichkeit (dreimal Weiß), doch Ihr Fähnchen flattert in viele Richtungen (zweimal Orange). Sie sind sensibel, Ihre Wahrnehmung ist ungewöhnlich fein, aber Sie werden von wechselnden Eindrücken hin- und hergerissen. Zweimal Orange bedeutet: innere Unruhe, Anfälligkeit für wechselnde Stimmungen, plötzliche Richtungswechsel. Sie sind ein Boot, das ohne Kiel auf der Wasseroberfläche treibt und den Winden ausgesetzt ist. Aber jetzt haben Sie dreimal Weiß gezogen. Ihre eigene geistige Kraft ist mächtiger als die Einflüsse, die Sie immer wieder aus der  Bahn werfen. Sie müssen lediglich Ihrer ungewöhnlichen Begabung stärker vertrauen. Also Ihrer Intuition. Ihren Ahnungen. Ihrem Gespür. Leute wie Sie werden von großen Firmen als Trendforscher angestellt. Weil Sie Strömungen und Kurswechsel immer etwas früher wittern als andere. Leute wie Sie machen als Medium Karriere. Oder als Detektive. Als Wahrsager. Oder als Wetterfrösche. Als Therapeuten. Weil Sie Gefühlsschwingungen spüren. Die sind immer da, aber nur wenige Menschen haben sensible Antennen dafür. Eben Sie. Und je mehr Sie Ihren Antennen vertrauen, desto schärfer wird Ihre Wahrnehmung. Desto genauer erkennen Sie, was Sie wirklich wollen. Und dann gehen Sie aufrecht durch jedes Feuer. Durch jeden Sturm.

Rot	Gelb	Weiß	Grün	Orange
–	–	2	3	–

Dreimal Grün: Das ist eine erholsame Kraft. Sie können Hektikern Ruhe geben, Orientierungslosen die Richtung zeigen. Sie besitzen ordnende, heilende Fähigkeiten. Nicht zufällig haben Sie Weiß und Grün gezogen, die Farben der American Psychosomatic Society, dem ame-

rikanischen Verband psychosomatischer Ärzte. Sie haben einfach ein gutes Körpergefühl. Für sich selbst und für andere. Sie spüren, wo Verspannungen sitzen, wo Energie in Fluss kommen soll. Sie können solche Probleme wunderbar auf körperlicher Ebene lösen, aber auch auf geistiger; zum Beispiel, wenn jemand einfach nicht mehr weiterweiß. Sie können ihm zuhören. Können klärende Fragen stellen. Und doch kommt Ihnen immer wieder etwas in die Quere. Und das ist eine Mischung aus Empfindlichkeit und Selbsttäuschung (zweimal Weiß). Eine Neigung, Wunschbilder für wichtiger zu halten als die Wirklichkeit. Deshalb fallen Sie immer mal wieder auf die Nase. Oder sagen wir: Das war so. Aber jetzt haben Sie dreimal Grün gezogen. Ihre bodenständige Energie ist mächtiger als der Einfluss trügerischer Idealbilder. Sie sind geerdet. Sie können unmittelbar Kraft aus der Natur schöpfen. Anderen gibt ein Spaziergang nichts. Sie aber bekommen Energie von Bergen, Bäumen, Flüssen, aus dem Vogelgesang. Und wo immer Sie sind, können Sie sich erden. Können sich vorstellen, dass durch Ihre Füße Energie aus der Erde fließt. Sie können mit dieser Energie arbeiten. Können auf jeder Ebene Blockaden, Verhärtungen, Verspannungen lösen, körperlich und geistig, bei sich und bei anderen. Nehmen Sie uns schon mal in Ihren Terminkalender auf.

Misstrauen • Empfindlichkeit • Kreativität

Rot	Gelb	Weiß	Grün	Orange
–	–	2	2	1

Als vor hundertachtzig Jahren das Märchen von der Prinzessin auf der Erbse erschien, entwarf der Autor Hans Christian Andersen einen farbigen Schutzumschlag: Grün und Weiß dominierten darauf. Das seien die Farben des Märchens. Diese Farben haben Sie nun gezogen. Was bedeutet das? Dass Sie eine Prinzessin sind? Nein. Das bestimmt nicht. Eine Erbse? Schon eher. Aber auch nicht richtig. Nein: Dass Sie empfindlich sind. Denn davon handelt das Märchen. Und dass Sie die jungfräulichen Farben Weiß und Grün gleich doppelt gezogen haben, weist sogar auf eine verletzbare Überempfindlichkeit hin. Sie sind eine

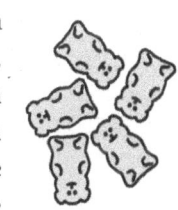

sensible, vom Gewissen geplagte Seele. Jemand, dem der Gedanke unerträglich ist, im Altglascontainer für Grünglas könnte versehentlich eine Flasche aus Braunglas landen. Und der sich, wenn ihm das passiert, wochenlang mit Schuldgefühlen plagt. Okay, mit sich selbst sind Sie großzügig. Sogar unordentlich bis zur Verwahrlosung. Aber wenn jemand mit Straßenschuhen Ihre Wohnung betritt, kriegen Sie Sodbrennen. Stimmt's? Na, Sie sind auf jeden Fall sehr empfindlich. Aber nun haben Sie ja ein oranges Bärchen gezogen. Was bedeutet: Sie haben zugleich sehr viel Humor. Sie sind witzig. Sind spielerisch. Kreativ. Und genau jetzt ist die Zeit gekommen, dass Sie Ihre seismografische Sensibilität kreativ nutzen. Als Maler, Musiker, Therapeut. Oder schreiben Sie Gedichte? Prima! Klasse! Toll! Nur schicken Sie die bitte nicht an uns.

Täuschung · Unruhe · Disziplin

Rot	Gelb	Weiß	Grün	Orange
–	–	2	1	2

Würden Sie gerne ein Schloss besitzen? Ein geheimnisvolles, dessen Geheimnisse nur Sie kennen? Mit prunkvollen Räumen, funkelnden Grotten und unterirdischen Seen? Mit schlanken Gespielinnen und Gespielen? Mit den Bildern Ihrer Träume? Na, dann gute Nacht. Dann werden Sie genauso enden wie König Ludwig II. Sie wissen schon, der mit den Märchenschlössern und der Wagner-Musik und den einsamen Festen. Sie haben exakt dessen Lieblingsfarben gezogen. Und haben wie er die Neigung, Ihre Träume und Illusionen höher zu schätzen als Ihre Wirklichkeit (zweimal Weiß). Auch in Ihnen

flackert diese Unruhe der schöpferischen Bilder und Ideen, deren Kehrseite eine nervöse Labilität ist (zweimal Orange). Der König verirrte sich schließlich in den Labyrinthen seines Geistes und kehrte nicht mehr zurück. Doch das wird Ihnen nicht passieren. Denn Sie haben auch noch ein grünes Bärchen gezogen. Und das bedeutet: Sie haben Bodenhaftung. Ihre inneren Bilder, Fantasien und Träume bleiben stark, lebendig. Aber Sie bekommen dazu die Stabilität, die dem König fehlte. Sie können Ordnung schaffen. Die Disziplin aufbieten, mit der Vorstellungen und Einbildungskraft in die Wirklichkeit umgesetzt werden. Wussten Sie übrigens, dass der König das Haus allenfalls zu Kutsch- oder Schlittenfahrten verließ? Dass er mit den Füßen nicht den Boden berühren wollte? Ahmen Sie das nicht nach. Ihnen tun Spaziergänge gut, Laufen wirkt Wunder bei Ihnen gegen jegliche Kümmernis. Wir stehen dann am Wegesrand und winken.

Spiel · Illusion · Magie

Rot	Gelb	Weiß	Grün	Orange
–	–	2	–	3

Wolfgang Amadeus Mozart liebte Pomeranzen. Das sind Früchte, die den Apfelsinen verwandt sind, nur kleiner und im Aroma zarter. Wir wissen, dass Mozart seine heitersten Werke stets in einer Jahreszeit geschrieben hat, in der es Pomeranzen gab. Wenn es sie nicht gab, wurden seine Stücke düster. Das kann Zufall sein. Doch Mozarts Ehefrau hat überliefert, dass ihr Mann, wenn möglich, drei Pomeranzen auf dem Klavier liegen hatte. Die hellten seine Stimmung auf, behauptete er, und inspirierten ihn zu munterem Spiel. Richtig. Dreimal Orange, das ist ein Symbol der Heiterkeit und Kreativität. Und wenn Sie jetzt drei orange Bärchen gezogen haben, werden Sie das merken. Die Sonnenenergie in Ihnen wird angeknipst. Es beginnt eine beschwingte, spielerische Zeit. In der Sie Ihre Ideen umsetzen können. Leicht auf Leute zugehen. Oder glauben Sie, das kann gar nicht sein? Einerseits wünschen Sie sich ein unbeschwertes Leben. Andererseits haben Sie Angst, den Boden unter den Füßen zu verlieren, wenn Sie Ihrer Fantasie folgen. Wir geben das zu bedenken,

weil Sie auch zwei weiße Bärchen gezogen haben. Und zweimal Weiß zeigt solche Befürchtungen an. Bei Ihnen besteht wirklich die Gefahr, Wunschbildern zu erliegen. Aber nur ganz am Rande. Denn dreimal Orange ist stärker als zweimal Weiß. Da bleibt Ihnen gar nichts anderes übrig, als spielerisch und heiter zu werden! Kreativ und kontaktfreudig zu sein! Freuen Sie sich über den Anteil an Illusion: Mit dieser Kombination sind Sie nämlich ein wunderbarer Magier. Zaubern Sie doch mal ein bisschen! In Ihrem Leben!

Trägheit • Stagnation • Klärung

Rot	Gelb	Weiß	Grün	Orange
–	–	1	4	–

Wie erleichternd, dass Sie ein weißes Bärchen gezogen haben! Viermal Grün ohne die Aussicht auf Frischluft und Geistesblitze, das wäre trübsinnig gewesen. Viermal Grün, das ist ein altes Symbol für Dämmerschlaf. Viel-

leicht lag es daran. Jedenfalls wollen Ihnen das die vier grünen Bärchen sagen: Sie sind nicht wach. Es geht nicht vorwärts bei Ihnen. Sie befinden sich in einem Zustand der Stagnation. Keine Sorge, das Gegenmittel kündigt sich ja schon an. Es kommt Bewegung in Ihren Sumpf. Wie bitte? Sie wollen uns einreden, Sie seien durchaus tätig? Oh, nein. Scheinbar vielleicht. Aber da ist nichts los. Was Sie an der Oberfläche abfackeln, das sind Ablenkungsmanöver. Sorry, bei Ihnen ist geistige Trägheit angesagt. Das war wenigstens so. Dem weißen Bärchen sei Dank: Nun geht Ihnen ein Licht auf. Jetzt kommt Helligkeit in Ihre dumpfgrüne Dämmerung. Ihr Gehirn bekommt Frischluft. Ihr Geist atmet durch. Einfälle blitzen auf. Kaum zu glauben: Nachdem Sie ewig im Trüben herumgefischt haben, erlangen Sie nun langsam Klarheit. Dass Sie nur ein einziges weißes Bärchen gezogen haben, heißt zwar: Sie müssen auch selbst was dafür tun. Ganz von allein werden Sie nicht erleuchtet. Aber bei der Sensibilität, die Sie haben, und bei der Offenheit, die jetzt dazukommt, wird es so prickeln, dass Sie nicht wieder in Dumpfsinn versinken können!

Rot	Gelb	Weiß	Grün	Orange
–	–	1	3	1

Kennen Sie einen Geistheiler aus Goa? Oder gar die Vereinigung spiritueller Heilkünstler in Indien? Die würde Sie prompt als Ehrenmitglied aufnehmen. Denn Sie haben exakt die Farben aus deren Wappen gezogen. Weiß für geistige Klarheit und Intuition, Orange für sonniges Gemüt und schöpferische Arbeit, dreimal Grün für die Fähigkeit, Harmonie zu schaffen, Ruhe auszustrahlen, zu heilen. Ja, das ist in Ihnen angelegt. Und dass Sie jetzt diese Bärchen gezogen haben, heißt nichts anderes, als dass Sie sich diesen Anlagen widmen sollen. Das weiße Bärchen verrät Ihnen, dass Sie Ihrer inneren Stimme vertrauen können. Dafür ist eine gewisse Ruhe nötig. Eine Reduzierung äußerer Reize. Vielleicht ein wenig Meditation, vielleicht Yoga, Sie werden es schon wissen. Das orange Bärchen sagt, dass Sie ohne Furcht Neuland betreten  können. Nicht, um abgelenkt zu werden, sondern um zu sich selbst zu kommen. Schulen Sie Ihre eigene schöpferische Begabung, und nutzen Sie sie, begeben Sie sich in den Strom kreativer Kraft. Die drei grünen Bärchen schließlich sind das Zeichen Ihrer inneren Harmonie, die wohltätig auf andere wirkt – oder wirken kann. Aber wir machen uns da gar keine Sorgen. Dies ist eine starke Kombination. Und die zeigt, dass Sie dabei sind, Ihre enorme innere Kraft zu entwickeln und nach außen zu tragen. Sie können damit anderen helfen, können klärend und wohltuend wirken. Und können bei sich selbst damit anfangen. Die Zeit ist reif.

Rot	Gelb	Weiß	Grün	Orange
–	–	1	2	2

Zweimal Grün heißt faule Kompromisse. Zweimal Orange: Sie mogeln sich mit Floskeln durch. Im Job kann das bedeuten, dass man Ihnen dauernd Arbeiten aufs Auge drückt, die eigentlich gar nicht in Ihren Bereich gehören. Aber Sie erledigen sie um des lieben Friedens willen. Und weil Sie hoffen, dass man Sie dafür mag. Privat kann es heißen, dass Sie mit Leuten befreundet sind, mit denen Sie nichts verbindet. Aber Sie kriegen nicht die Kurve und mustern die nicht aus. Im Job sind Sie

über Ihre alten Aufgaben längst hinausgewachsen. Aber Sie machen immer noch den alten Striemen, weil Sie sich nicht ins Neuland trauen. Weil Sie ja nicht wissen, was dann kommt. Und privat treffen Sie sich immer noch mit dieser alten Freundin, mit der Sie sich längst nichts mehr zu sagen haben, und quälen sich durch Anstandsbesuche, Höflichkeitstelefonate, Urlaubspostkarten. Als Kind hatten Sie keine Mühe, Freundschaften zu beenden, wenn die sich auseinander entwickelt hatten. Das ging von selbst und war völlig normal. Später sind Sie höflicher geworden. Taktischer. Berechnender. Und jetzt haben Sie den Salat. Wie viel Zeit wollen Sie vergeuden? Keine mehr, sagt das weiße Bärchen. Wie stark wollen Sie Ihre eigene Entfaltung knebeln? Das weiße Bärchen sagt: gar nicht. Das weiße Bärchen ist ein Signal für eine Ihrer besten Anlagen: Ihre klare Intuition. Auf die können Sie sich verlassen. Wenn Sie der folgen, sortieren Sie mühelos zwischen dem, was wichtig ist – und dem, was als Ballast abgeworfen werden kann. Sieht gut aus für Sie. Oder wollen Sie als Erstes uns als Ballast abwerfen?

Klarheit • Selbstvertrauen • Heiterkeit

Rot	Gelb	Weiß	Grün	Orange
–	–	1	1	3

Machen Sie manchmal humorige Gedichte? Oder witzige Zeichnungen? Dreiste Sprüche? Freche Verse? Kein Wunder. Sie haben die Lieblingsfarben von Wilhelm Busch gezogen. Ja, vor allem Orange wollte der um sich haben; das inspirierte ihn zur Heiterkeit. Aber auch Grün; das beruhigte ihn und flößte ihm Selbstvertrauen ein. Und schließlich Weiß, das er die Farbe der Klarheit nannte. Denn einen klaren Kopf brauchte er, vor allem bei seinen Trinkgewohnheiten, um seine schalkhaften Einfälle zu Papier zu bringen. Und

genau diese Eigenschaften kommen jetzt auch Ihnen zugute. Ihr Humor wird gekitzelt. Ihr Gehirn wird gelüftet. Ihr Selbstbewusstsein gestärkt. Sie können jetzt wunderbar Leute unterhalten. Als Gagschreiber zum Fernsehen gehen. Oder in einem mittelmeerischen Strandklub den Animateur mimen. Überhaupt das Mittelmeer: Dreimal Orange ist eine fabelhafte Kombination für Reisen in ferne Länder oder für Reisen im Geiste. Auf jeden Fall werden Sie jetzt von einer Muse geküsst. Sie wollen auch von einer wirklichen Person geküsst werden?

Warum haben Sie dann kein rotes Bärchen gezogen? Na, gut. Sie kriegen trotzdem eine Chance. Mit der Kombination von Klarheit, Selbstvertrauen und reichlich Spaß müssten Sie nämlich wunderbar flirten können. So auf die scherzhafte Anmacher-Tour. Sie kommen sicher damit durch.

Flunkerei · Kreativität · Wahrheit

Rot	Gelb	Weiß	Grün	Orange
–	–	1	–	4

Sie sind ein kleines Schlitzohr. Sonst hätten Sie die Blufferkombination viermal Orange nicht gezogen. Berühmt ist die durch den sogenannten Reinkarnationsforscher Herbert Weise. Vielleicht haben Sie seine Annoncen mit den vier orangen Sonnen schon mal in Szeneblättern gesehen. Der bringt seine Kunden in ihr früheres Leben zurück, indem er sie ins Völkerkundemuseum führt. Für hundert Euro pro Person. Er fragt sie als Erstes, zu welchen Erdteilen sie sich hingezogen fühlen, und bringt sie in die betreffende Abteilung. Dort versetzt er sie in  eine leichte Trance und suggeriert ihnen: Wenn Sie wieder die Augen öffnen und sich umsehen, erkennen Sie Ihr früheres Leben. Und das funktioniert. Die Leute entdecken beim Anblick von Skulpturen, Masken und Kostümen, wo und wer sie in ihrer letzten Existenz waren. Eskimo oder Zulu oder Maori. Was das Museum eben so hergibt. Ist das nicht Geldverdienen nach Ihrem Geschmack? Sie haben ebenfalls gute Ideen. Ein Näschen für Trends. Und träumen davon, alle Probleme auf mühelose Weise los zu sein.

Dafür drücken Sie auch ein bis zwei Augen zu. Und behaupten, Wahrheit sei relativ. Doch das weiße Bärchen der Klarheit und der Intuition weist Sie noch auf etwas anderes hin: Wenn Sie jemanden übers Ohr hauen oder anflunkern, gewinnen Sie nur scheinbar. In Wahrheit verlieren Sie jedes Mal etwas von Ihrer Selbstachtung. Und glücklich, spricht das weiße Bärchen, werden Sie nur mit Ihrer eigentlichen Begabung. Und die besteht darin, für andere Leute befreiend und klärend tätig zu sein. Das ist Ihre Berufung. Sorry. Aber erstens können Sie dabei Ihre Kreativität voll einsetzen. Zweitens gut Geld verdienen. Und drittens glücklich werden.

Vertrauen • Frieden • Rat

Rot	Gelb	Weiß	Grün	Orange
–	–	–	**5**	–

Falls Ihre Freunde Sie immer schon für den Friedensnobelpreis vorschlagen wollten, jetzt wäre die Zeit. Fünfmal Grün, das bedeutet einen staunenswerten Zuwachs an Selbstvertrauen, an Belastbarkeit und Vernunft. Das Gewand des scharfsichtigen Sokrates war mit fünf Streifen aus grüner Seide durchsetzt. Der geniale Staatsmann Abraham Lincoln trug fünf grüne Perlen am Revers. Gut, Sie sind nicht Lincoln, Sie sind nicht Sokrates, noch nicht. Aber Sie werden merken, dass man auf Ihr Wort mehr achtet als früher. Dass Menschen Ihre Nähe als beruhigend, als klärend, mitunter sogar als heilsam empfinden. Und das mit gutem  Grund. Mehr und mehr nämlich spüren Sie die Gewissheit, dass Sie dem Gang der Dinge vertrauen können. Dass Gott, der Kosmos, die Natur, oder wie immer Sie es nennen mögen, auf Ihrer Seite sind. Das verschafft Ihnen die innere Ruhe, die den besonnenen Blick auf Probleme und ihre Lösung ermöglicht. Was immer Sie bislang aufgeschoben haben, jetzt können Sie es locker erledigen und zum Abschluss bringen. Neue Projekte können Sie nun mit beneidenswerter Umsicht verwirklichen. Und was immer die Leute Ihnen an Problemen vortragen, jeder wird von Ihrem guten Rat profitieren. Falls Sie zwischendurch auch mal Kraft brauchen: Die strömt Ihnen jetzt am leichtesten aus der Natur zu. Und wenn Sie dann den Nobelpreis bekommen haben, denken Sie auch mal an uns.

Trägheit • Stagnation • Neuanfang

Rot	Gelb	Weiß	Grün	Orange
–	–	–	**4**	**1**

Glückwunsch, dass Sie zu Ihren vier grünen noch ein oranges Bärchen gezogen haben. Das ist so, als wenn die Morgensonne durch den Wald leuchtet. Durch den Wald, in dem Sie orientierungslos herumirren. Haben  Sie selbst schon gemerkt, dass Sie nicht weiterkommen? Das liegt daran, dass Sie ständig nur auf den Boden sehen. Lieber tun Sie immer dasselbe, auch wenn es schmerzt, als etwas Neues zu wagen. Wir nennen das Trägheit, und das ist noch milde ausgedrückt. Aber keine Sorge, das Gegenmittel kündigt sich ja schon an. Aber erst mal müssen wir Sie beglückwünschen, wenn Sie sich noch keine Venenstauung, Nierensteine oder Depressionen aufgehalst haben. Denn das sind typische körperliche Auswirkungen der Stagnation und der Tatenlosigkeit. Wie bitte? Sie wollen uns einreden, Sie sind durchaus tätig? Ja, scheinbar. Aber innerlich ist bei Ihnen Einöde angesagt. Oder, zum Glück, das war so. Jetzt kommt eine neue Farbe ins trübe Einerlei. Denn Orange bedeutet: Leichtigkeit. Neuigkeiten. Kontakte. Kreativität. Sie haben die Begabung,

255

Dinge spielerisch anzugehen. Nicht verantwortungslos, sondern mit Heiterkeit und Augenzwinkern. Dass Sie nur ein einziges oranges Bärchen gezogen haben, heißt: Sie müssen auch selbst was dafür tun. Etwas Neues ausprobieren. Aber die Morgensonne wird Sie so kitzeln, dass Sie gar nicht anders können als aufblicken, lachen und loshüpfen!

Ordnung · Wechselhaftigkeit · Kraft

Rot	Gelb	Weiß	Grün	Orange
–	–	–	3	2

Dreimal Grün: Sie besitzen ordnende, heilende Fähigkeiten. Sie verfügen über eine erholsame Kraft. Sie können Hektikern Ruhe geben, Chaoten Klarheit verschaffen, Orientierungslosen die Richtung zeigen. Oder sagen wir: Sie könnten es. Aber eine innere Wechselhaftigkeit kommt Ihnen immer wieder in die Quere. Das nämlich bedeutet zweimal Orange. Ihr Fähnchen, heißt das, flattert in viele Richtungen. Sie haben ein gutes Körpergefühl. Sie spüren, wo Verkrampfungen gelöst werden müssen, wo Energie in Fluss kommen soll. Sie sind dazu begabt, solche Probleme auf körperlicher Ebene zu lösen, aber auch auf geistiger; zum Beispiel, wenn jemand nicht weiterweiß. Sie können ihm zuhören. Können klärende Fragen stellen. Und doch werden Sie selbst von einer inneren Unruhe geplagt. Ihr eigenes Ziel ist Ihnen unklar. Ihre Richtung bleibt unbeständig. Sie sind ein Boot, das ohne Kiel auf der Wasseroberfläche treibt und den Winden ausgesetzt ist. Aber jetzt haben Sie dreimal Grün gezogen. Ihre ordnende Stärke ist zu guter Letzt mächtiger geworden

als die Einflüsse, die Sie immer mal wieder aus der Bahn werfen wollen. Und Sie werden dabei unterstützt. Sie können Kraft aus der Natur schöpfen. Und wo immer Sie sind, können Sie sich erden. Können sich vorstellen, dass durch Ihre Füße Energie aus der Erde fließt. Sie können mit dieser Energie arbeiten. Können auf jeder Ebene Blockaden, Verhärtungen, Verspannungen lösen, körperlich und geistig, bei sich und bei anderen. Nehmen Sie eigentlich auch Krankenkassenpatienten?

Kreativität · Trägheit · Heiterkeit

Rot	Gelb	Weiß	Grün	Orange
–	–	–	2	3

Coco Chanel ist die berühmteste Modeschöpferin des 20. Jahrhunderts. Sie hat das kleine Schwarze erfunden. Das lange Graue. Das klassische Braune. Das gedämpfte Blaue. Das seidene Weiße. Und die Ringelsocke. Dabei hat sie alle Farben eingesetzt. Nur eine einzige nicht: Orange. Orange, sagte sie nämlich, sei heilig. Sei die Farbe

ihrer schöpferischen Inspiration. Dreimal Orange, das ist von jeher ein Symbol der Heiterkeit und Kreativität gewesen. Und wenn Sie jetzt drei orange Bärchen gezogen haben, werden Sie das merken. Die Sonnenenergie in Ihnen wird angeknipst. Es beginnt eine beschwingte, spielerische Zeit. Eine Zeit, in der Sie Ihre Ideen umsetzen können. In der Sie leicht auf Leute zugehen. Vorausgesetzt, Sie sinken nicht nach den ersten Erfolgen gleich wieder in den Sumpf Ihrer Stagnation zurück. Das geben wir zu bedenken, weil Sie auch zwei grüne Bärchen gezogen haben. Und das bedeutet: Spielerisches Denken und Leichtigkeit finden Sie gut. Solange Sie sich dafür nicht aus den Kissen erheben müssen. Sie haben nun mal eine Tendenz zur Trägheit.

Aber jetzt werden Sie geliftet! Denn dreimal Orange ist einfach stärker als zweimal Grün. Sie können gar nicht anders als kreativ und kontaktfreudig sein! Und da Sie dank zweimal Grün wenigstens eine gute Bodenhaftung haben, werden Sie aus Ihren Ideen womöglich richtig was machen! Aber das werden wir ja dann in der Zeitung lesen.

Schwindelei · Kreativität · Selbstachtung

Rot	Gelb	Weiß	Grün	Orange
–	–	–	1	4

Das grüne Bärchen sagt etwas über Ihre gute Verbindung zur Natur, zur Erde, zu Ihrer eigenen Basis. Und die vier orangen Bärchen sprechen Bände über Ihre Neigung, kreative Ideen für fragwürdige Zwecke zu nutzen. Mit dieser Farbkombination wirbt der berühmte Haarwuchsmeister Dr. Peter Paschen für seine Seminare. Die Seminare heißen: neuer Haarwuchs durch mentales Training. Und da sitzen bedauernswerte Glatzköpfe und Resthaarbesitzer und hoffen, dass sie für gutes Geld superschlaue Methoden ler-

nen. Sie üben dann, wie sie ihren Atem an die Haarwurzeln lenken. Wie sie goldenes Licht durch ihren Scheitelpunkt leiten. Und wie sie durch schnelles Drehen um die eigene Achse die Haarwuchshormone ankurbeln können. Gut, was? Gut für den Erfinder jedenfalls. Ob die Kunden jemals glücklich werden, ist eine andere Sache. Und was hat das mit Ihnen zu tun? Sie haben ebenfalls die Neigung, andere durch schlaue Tricks zu täuschen. Das jedenfalls teilen uns die vier orangen Bärchen mit. Das grüne Bärchen der Güte und des Vertrauens aber sagt: Wenn Sie nicht ehrlich mit anderen sind, können Sie auch nicht ehrlich mit sich selbst sein. Dann können Sie zwar kurzfristige Erfolge genießen, aber das sind Scheinerfolge. Aber erst jetzt, sagt das grüne Bärchen, ziehen Sie daraus die Konsequenzen. Sie machen Ordnung. In Ihren Beziehungen. In Ihren Gefühlen. Im Job. Sie bekommen eine ungewohnte Klarheit. Und dazu die Möglichkeit, Ihre enorme Kreativität endlich zu Ihrer und anderer Glück einzusetzen. Erst jetzt und endlich kehren Sie zurück zu sich selbst.

Leichtigkeit • Kontakte • Kreativität

Rot	Gelb	Weiß	Grün	Orange
–	–	–	–	**5**

Möglicherweise schaffen Sie es nicht mehr, der größte Künstler des Jahrhunderts zu werden. Denn die Zeit ist knapp. Aber es wird Sie interessieren, dass Picasso immer fünf Orangen in seinem Atelier hatte. Warum? Er sah in ihnen ein Zeichen der Sonnenkraft, des Einfallsreichtums, der Kreativität. Und so ist es. Wenn Sie fünf orange Bärchen gezogen haben, dann beginnt jetzt für Sie eine Zeit der spielerischen Leichtigkeit. Vielleicht wussten Sie gar nicht, dass Sie ein sonniges Gemüt

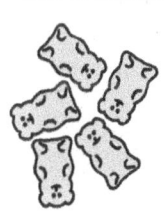

haben. Nun werden Sie es merken. Und andere auch. Es ist, als würde plötzlich die Sonnenenergie in Ihnen angeknipst. Sie fühlen sich beschwingt, tänzerisch, schwerelos. Auf einmal haben Sie den Blick aufs Leben, wie ihn eigentlich nur die Götter haben, die belustigt auf uns herabschauen: Sie sehen das Leben spielerisch. Und mühelos können Sie von dieser wunderbaren Heiterkeit anderen etwas abgeben. Mit Ihrer inneren Sonnenwärme gehen Sie munter auf die Leute zu. Kontakte ergeben sich wie von selbst. Sie sind voller Neugier, voller Offenheit und Aufnahmebereitschaft. Und Sie können das alles, wenn Sie wollen, schöpferisch umsetzen. Ob Sie Bilder malen, Musik machen, Gedichte schreiben oder als Schauspieler glänzen wollen: Nie waren Sie so originell und so kreativ wie in der jetzt beginnenden Phase. Vielleicht möchten Sie aber auch einfach nur das Leben genießen. Menschen mit fünf orangen Bärchen werden häufig von unbändiger Reiselust gepackt. Oder sie spielen und gewinnen. Oder geben ein Fest. Falls Sie Letzteres tun, schicken Sie uns doch bitte eine Einladung.

Fragen und Antworten

Ist so ein Orakel nicht Humbug?

Das werden Sie merken, wenn Sie es machen. Weise Leute haben herausgefunden, dass es keinen Zufall gibt. Zum Beispiel, dass Sie heute hier sind, ist kein Zufall. Dass Sie mit gewissen Menschen zusammengetroffen sind, ist kein Zufall. Dass Sie dieses Buch lesen. Dass Sie eine bestimmte Bärchenkombination ziehen. Alles kein Zufall. Jedes Ereignis erscheint erst in dem Augenblick, wenn man bereit dafür ist, sprach der erleuchtete Buddha. Was Ihnen widerfährt, und wann es Ihnen widerfährt, ist charakteristisch für Sie. Also: Die Bärchen, die Sie ziehen, sagen etwas über Sie aus. Aber nehmen Sie es mit Humor. Nicht nur dieses Orakel. Sondern jedes Orakel. Jeden Spruch. Überhaupt alles, was andere über Sie sagen. Und wenn es Ihnen nicht gefällt, sehen Sie darin eine Herausforderung, es zu widerlegen.

Wie oft macht man ein Orakel?

So oft man Lust dazu hat. Aber nicht dauernd hintereinander. Nicht zweimal am Tag. Auch nicht zweimal in der Woche. Einmal pro Woche ist schon übertrieben.

Aber das müssen Sie selbst ausprobieren. Einige machen es nur am Geburtstag und zu Silvester. Andere immer dann, wenn sie eine bestimmte Frage haben und etwas klären wollen. Wieder andere auf jeder Party.

Ich habe nicht nur rote, sondern auch rosa Bärchen!
Nehmen Sie beide Farben als rot. Bei den meisten Herstellern sind Rot und Rosa ohnehin nur schwer zu unterscheiden. Wenn Sie einer genaueren Deutung auf die Spur kommen wollen, denken Sie daran, dass Rosa eine abgemilderte Form von Rot ist. Rosa hat mehr die Bedeutung von Verliebtheit als von Leidenschaft. Wenn es um Aktivität geht, ist es die passivere Farbe. Rot ist die härtere Kraft, Rosa die sanftere Kraft. Aber Sie brauchen diese Unterscheidungen nicht zu beachten.

Ich habe nur braunrote, weißgelbe und grüne Bärchen.
Sie haben Öko-Bärchen im Bioladen gekauft. Die können Sie nicht zum Weissagen benutzen. Die können Sie nur essen und verdauen. Viel Glück.

Wie voll muss die Tüte noch sein, wenn ich ziehe?
Am besten natürlich, sie ist gerade frisch geöffnet. Aber wenn bei Ihnen frisch geöffnet gleich frisch gegessen ist, und wenn Sie sofort alle weißen herauspicken, könnte das Orakel verfälscht werden. Sollte Ihre Tüte schon

ziemlich leer sein, dann sorgen Sie dafür, dass von jeder Farbe noch gleich viele da sind. Mindestanforderung: fünf Bärchen von jeder Farbe. Damit Sie die Möglichkeit haben, die Kombinationen fünfmal Rot oder fünfmal Weiß und so weiter zu ziehen.

Was mache ich mit den fünf Bärchen, wenn ich die Deutung gelesen habe?

Da sprechen Sie ein schwieriges Problem an. Albert Einstein hob seine fünf Bärchen auf; sie sind noch heute in einer Vitrine seines Hauses zu sehen. Doch die meisten Orakelexperten sind der Ansicht, man solle die Vergangenheit nicht festhalten, auch nicht die glückliche. Wenn also die Deutung Sie froh gestimmt hat, essen Sie die Bärchen auf; damit verstärken Sie die positive Wirkung. Wenn die Deutung Sie ratlos gelassen hat, heben Sie die Bärchen auf, lassen Sie sie reifen, und lesen Sie die Deutung etwas später noch einmal. Es wird dann klarer, was gemeint ist. Wenn Sie aber böse sind über die Deutung, lösen Sie Ihre fünf Bärchen zur Strafe in einem großen Glas Wasser auf. Oder kleben Sie sie ans Fenster, dorthin, wo am meisten Sonne hinkommt. Sie werden sehen, das nächste Mal bekommen Sie ein superpositives Orakel.

Was mache ich mit dem Rest der Bärchen?

Darüber ist ein heftiger Expertenstreit entbrannt. Bis er geschlichtet ist, was nicht so bald der Fall sein wird, können Sie die Bärchen unbesorgt aufessen.

Wie kommen die Deutungen zustande?

Durch die Verbindung von Zahlen und Farben. Ungerade Zahlen (dreimal oder fünfmal Rot) sind günstiger als gerade (zweimal oder viermal Rot). Diese alte Orakeltradition beruht darauf, dass ungerade Zahlen Beweglichkeit symbolisieren, gerade Zahlen dagegen Starrheit. So stehen drei rote Bärchen für Aufbruchsenergie, für beginnende Leidenschaft, für Kraft, die in Bewegung kommt. Zwei rote Bärchen jedoch – und noch stärker vier rote Bärchen – zeigen die Fesselung solcher Energien an, etwa Angst oder unterdrückte Wut.

Beispiele für die Gewichtung von Gerade und Ungerade:

- **4 rot, 1 gelb:**
  Das negative Rot dominiert, aber es gibt einen Ausweg.

- **3 rot, 2 gelb:**
  Das positive Rot dominiert, ist aber durch negatives Gelb gefährdet.

- **2 rot, 2 gelb, 1 weiß:**
  Zwei negative Energien kommen zusammen, Weiß zeigt einen Ausweg.

- **2 rot, 1 gelb, 1 weiß, 1 grün:**
  Das negative Rot ist stark, aber es winken gute Möglichkeiten.

- **3 rot, 1 gelb, 1 weiß:**
  Das positive Rot dominiert und wird unterstützt.

- **5 rot:**
  Die bestmögliche Rotenergie.

Die Farben haben folgende Grundbedeutungen:

- **Rot, ungerade:**
  Liebe, Leidenschaft, Energie, Aktivität, Freude

- **Rot, gerade:**
  Ungeduld, Aggressivität, Alarm, Angst

- **Gelb, ungerade:**
  Streben, Arbeitslust, Karriere, Glanz, Wohlstand

- **Gelb, gerade:**
  Neid, Intoleranz, Starrsinn, Misstrauen

- **Weiß, ungerade:**
  Klarheit, Intuition, Freiheit, geistige Führung

- **Weiß, ungerade:**
  Illusion, Täuschung, Verirrung, Labilität

- **Grün, ungerade:**
  Güte, Ruhe, Verlässlichkeit, Ordnung, Vertrauen

- **Grün, gerade:**
  Langeweile, Stagnation, Tatenlosigkeit, Trauer

- **Orange, ungerade:**
  Neugier, Kontakte, Kreativität, Spiel, Originalität

- **Orange, gerade:**
  Oberflächlichkeit, Wankelmut, Ausweichen, Lüge

Stimmt es, dass es genau 126 Kombinationen gibt?

Natürlich. Denn für das Gummibärchen-Orakel gibt es, wie für alle wirklich wichtigen Dinge, eine mathematische Formel. Sie lautet:

$$\frac{(n + k - 1)\,!}{(n - 1)!\cdot k\,!}$$

n bezeichnet die Zahl der Farben, k die Zahl der gezogenen Bärchen. Im Gummibärchen-Orakel gibt es fünf Farben, und fünf Bärchen werden gezogen. Dann lautet die Rechnung:

$$\frac{(5 + 5 - 1)\,!}{(5 - 1)\,!\cdot 5\,!} = \frac{9\,!}{4\,!\cdot 5\,!} = \frac{9\cdot 8\cdot 7\cdot 6\cdot 5\cdot 4\cdot 3\cdot 2\cdot 1}{4\cdot 3\cdot 2\cdot 1\cdot 5\cdot 4\cdot 3\cdot 2\cdot 1} =$$

$$\frac{9\cdot 8\cdot 7\cdot 6}{4\cdot 3\cdot 2\cdot 1} = 126$$

Ein humorvoller Krimi zum Entspannen: Um Verbrechen aufzuklären, versucht die resolute Frau Maier auch im 6. Band fast alles. Sie ist sogar bereit, auf einem Christkindlmarkt am Chiemsee Plätzchen zu verkaufen, obwohl sie doch ein totaler Weihnachtsmuffel ist. Ihr Einsatz zahlt sich aus: Zwischen Glühweinstand und Tannenbaum kommt sie kriminellen Machenschaften auf die Spur.

ISBN 978-3-86532-865-6 | € 14,00 | Paperback | 288 Seiten

PENDRAGON⚑